U0556433

中国书籍史传馆〔流年碎影〕

俞平伯的诗书人生

陈武 著

中国书籍出版社
China Book Press

图书在版编目（CIP）数据

俞平伯的诗书人生 / 陈武著 . — 北京 : 中国书籍出版社 , 2014.7
ISBN 978-7-5068-4305-8

Ⅰ . ①俞… Ⅱ . ①陈… Ⅲ . ①俞平伯（1900 ~ 1990）—传记 Ⅳ . ① K825.6

中国版本图书馆 CIP 数据核字（2014）第 178560 号

俞平伯的诗书人生

陈　武　著

图书策划　武　斌　崔付建
责任编辑　刘　宏　牛　超
责任印制　孙马飞　马　芝
出版发行　中国书籍出版社
地　　址　北京市丰台区三路居路 97 号（邮编：100073）
电　　话　(010) 52257143（总编室）(010) 52257140（发行部）
电子邮箱　chinabp@vip.sina.com
经　　销　全国新华书店
印　　刷　北京中华儿女印刷厂
开　　本　710 毫米 × 960 毫米　1/16
字　　数　220 千字
印　　张　13.75
版　　次　2015 年 1 月第 1 版　　2019 年 4 月第 2 次印刷
书　　号　ISBN 978-7-5068-4305-8
定　　价　42.00 元

自 序

在诸位现代文学大师中，我对俞平伯有一种特别的喜欢——说不上为什么，在那一代文化人中，他的性格、行为和作品，甚至包括家世，都让我从情感上向他靠近。

早先，对他作品的了解，是通过上海书店出版的一本《读词偶得》。那是 1984 年冬天，我住在东海县西双湖边一个偏僻的大院里，有大把的时间读书，毫无目的，只把读书当成消磨时光的手段。后来又买到一本《冬夜》，是湖南文艺出版社出的。这两本书都很简朴，是我较早的一批藏书，至今还在我的书架上。在书房里喝茶、闲读，把书搬来搬去，不经意间会看到这两本书，一本谈古词，一本是新诗创作集，抽出来翻翻，依然那么亲切。

真正深入地读俞平伯的作品，始自百花文艺出版社出的那本《俞平伯散文选集》。那是 1992 年夏秋之际，我住在新浦后河底一处破旧的小耳房里，把这本散文集读了好几遍，初步认识了俞平伯散文的精致、绵密和细腻，也知道散文还可以这么写。这之后，只要看到俞平伯的书，或关于他的书，我都要买。有的也并非一定要读，只是出于对他的喜欢，对书的喜欢，买来了，也就踏实了。现在，包括十卷本的《俞平伯全集》，我有他的各种作品集三十余种。

有一次和朋友聊天，说到众多现代作家，朋友对他们都不以为然。提到俞平伯时，朋友说，俞平伯是个另类，有真性情，能坚持自我，不容易。后来他知道我喜欢俞平伯，便从他供职的大学图书馆里，给我借来两本书，都出版于1980年代初。他告诉我说，图书馆有个规定，书弄丢了，要以原书三倍的价格赔偿。这两本书的定价一共只有两块多，三倍也才六七块钱，比现在的一本书还便宜十几块，我看可以弄丢的。就这样，这两本书成了我的藏品。这种方式当然不可取，但我喜欢俞平伯，在朋友们中间是人所共知的。

一直以来，读写书评、书话类文章成为我的习惯。十多年前，也尝试写过几篇关于俞平伯的小文章，都是从人家的作品里东拽一块西拼一点，以为得到什么稀罕材料，后来读多了，才知道俞氏那点掌故和轶事，基本上尽人皆知，但这并不影响我敝帚自珍地把这几篇小文收在自编的一本《南窗书灯》书话集里。

在动笔写这篇序文之前，再看那几篇书话时，我惊讶于自己会写这样的文章，它们过于闲适和空洞了，缺少自己的观点和思想，完全是对俞平伯作品写作时间、发表时间的罗列和“考证”，再加上所发表的杂志的介绍和同时代作家对他评价的摘录，抒发自己的一点感想和评价一篇书话小文就算勾勒完成了。

对于即将写作的这本书，惶恐中有些兴奋。系统地写一本我喜爱的现代文学大师的随笔，这还是第一次。我不知道是否有热情和勇气来挑战自己，试试看吧。

新浦河南庄

2012年12月8日

目　录

CONTENTS

曲园文脉

写俞平伯，不能不从曲园写起。

季节虽是隆冬，却有春的感觉——看一下天气预报，最高气温已达十八摄氏度，加上温煦的阳光、湿润的河岸草坪和身边知心的好友，心情特别愉悦——我们是相约去寻访曲园的。

说来有趣，载我们前往的出租车司机就住在马医科巷里，却从未听说过曲园，不知道这是一个什么样的去处，也不知道俞樾是谁，俞平伯是干什么的。我心里有些嘀咕，莫非这曲园还是一片荒芜？或像别的私家小园那样，被许多居民所占？不然，又怎会深藏老巷而不为人知？待从巷口迈进小巷，心中的疑虑又深一层。和别的苏州小巷不同的是，马医科巷似乎“大”了些，粗陋了些，没有那种曲径通幽的奇妙，也没有那种古色古香的雅致，和我预想中的粉墙黛瓦、小桥流水、亭台楼榭合不上拍。

往深处走，移步中，小巷发生些许细微的变化，门庭上的砖雕和墙壁上的装饰，依稀有了“吴门”的味道，一种在某些特定情境中才会出现的感觉，如雾霭一样飘忽而至，虽抓不着、看不见，却有明显的气场和存在感。随便问一位散步的老人，请问曲园在这儿吗？他更是随手一指，说，前边，三十米就是。闻听此言，心中顿时开朗起来，友人的脸上也是笑容甜美，欢欣之情溢于言表。

曲园的“门脸”，精致中透出非凡的品质，是典型的江南庭院风格。正门紧闭，侧门也紧闭。在侧门的上方，有砖雕“曲园”二字，书风古朴稳重，文雅大气。“门”形的门框，是两块完整的磨平麻石拼接而成，和墙面浑然一体，也看得出当年主人的讲究和严谨。为什么会双门紧闭呢？莫非我们来得不是时候？我举手敲门。少顷，便有应门声——嚯，还真有些古时风范。

应门的是一位中年妇女，她满面笑容地站在我们面前，就像接待到她家走亲访友的贵客一样，没容我们问“能进吗”，她就做出欢迎的样子了。

俞家轿厅

和苏州名园相比，曲园是个不大的园子，建筑时间也相对较晚，据说俞樾当年穷困潦倒，靠朋友的资助才购得这儿的几间残基废宅，又几经营造，才渐成规模。我们在园中轻步走动，仔细观看，生怕错过一处精美之处。首先走进的，是曲园的门楼（厅），经过一个青砖铺地、修竹婆娑的小小天井，来到俞家的轿厅。厅里的陈设应该不是旧时模样吧，因为四角挂上了红色宫灯，还有一幅俞樾的油画像。画像上的俞樾身穿冬装，白须飘然，面色慈善，被置于轿厅的正中。画像上方是晚清名臣李鸿章手书“德清俞太史著书之处”的牌匾，古色古香，熠熠生辉。我和友人在油画像前伫立良久，想象着当年老人在这里读书、会客、授课的情景，想象老人在这里和友人交谈、切磋那卷帙浩瀚的《春在堂全书》，并挑灯修订，崇敬之情油然而生。我暗暗后悔没有带相机来，错过留影纪念的机会。好友深知我意，适时取出相机，拍了几幅。

轿厅的墙壁上，还挂着不少画作，大多是描绘俞樾生平故事的水墨作品。或许是太注重“纪实”元素了，绘画笔墨稚嫩，技法稍显呆板，倒是墙壁上砖刻的《曲园记》，因是俞樾所撰，让人增添无尽的怀想。

隔厢穿过一座圆门，就是“春在堂”了。因多次阅读俞樾和俞平伯的文章、书籍和相关材料，看到过不少描写“春在堂”的文字，似乎对这间著名的轩堂并不陌生，有似曾来过之感。据说，俞樾当年参加翰林殿试，以“澹烟疏雨落花天”做诗，俞樾依题应试，首句为“花落春仍在”。此句独辟蹊径，隐约透露出快乐、达观、自然的人生境界，得到考官大人曾国藩的赏识，给了“高分”，俞樾也因这句诗而大名远扬，便以“春在”做堂名。此后，“春在堂”就成为俞樾的代名。一走进宽敞明亮的“春在堂”，心里还是为之一振。堂内高大敞亮，陈设简朴大方，中间置一张榻床，榻床后边是巨型篆书屏风，屏风两侧有长联，上方高悬的，就是曾国藩手书的“春在堂”匾额。堂中还放置着一张旧式书桌，上有文房四宝。书桌旁边，一组旧式的书橱里，陈列着俞樾著作

春在堂

的书箱及诸多的木刻板片，这些珍贵的雕板，大多遭到虫蛀。友人看了那些密密的白色小洞，面露惋惜之情。但我知道，经历多年战乱和“文革”人祸，能保存这些，已经大为不易了。我告诉友人，这些书板，只是曲园老人著作的九牛一毛，如果把他的五百卷书板全部陈列，怕是要把整个曲园都堆满了。

“春在堂”是俞樾的书斋，也是他写作会客之地，榻前两排木椅，大约就是他和朋友们谈诗论文时的原样摆设吧。“春在堂”里还存放着一架老式的钢琴，琴盖上挂着一把生锈的铁锁。遥想当年，俞家的琴房里，琴声悠扬，余音袅袅，与窗外的园中丽景相映生辉。

“春在堂”之东，穿一小门，是“乐知堂”，这是俞家正厅，取“乐天而知命”之意。堂中摆有几只玻璃展柜，有一组展柜中，陈列着俞平伯手书信笺十数封。俞平伯的小楷书法很有特色，绵中透雅，深合我意，有机会欣赏到真迹，也十分难得啊。堂中悬挂的一副楹联为俞樾所撰：“三多以外有三多多德多才多觉悟；四美之先标四美美名美寿美儿孙”，由书法家张辛稼书写。联中之意，应该是俞樾人生观的表露吧。细细品味，似乎找到了“五讲四美”的出处了。友人也是书法家，细细看俞平伯的书法，连连称雅。

匆匆拜会几处重要的厅堂之后，我们迫不及待地来到花园中。园子在整个建筑的西北方，确实不大，有老树古藤，有花圃名木，一边廊亭、池塘，一边叠石假山。我目测一下，也就二百多平方米吧。园虽小，却不失精美。我们漫步园中，且走且停，和友人小声谈论园景的分布和构造，但见西边那条长廊的廊壁上，嵌有数十块不大的碑刻，行书草书楷书都有，大约都是有来头的。廊中间，有一“曲水亭”，亭下便是一泓池水，名“曲水池”。我和友人在池边促膝小坐，看天色蔚蓝，白云徜徉，鸟儿鸣唱，心情极为美妙。

池东侧，是灵巧连绵的假山，傍池崛起，山石崚嶒，山上筑有“回峰阁”和“认春轩”，只是半边的小亭，十分俊秀。据说，俞樾常在此间小坐，或赏花，或玩月，或构思吟咏。山下有一个“山洞”，其实是一扇通往内宅的小门，躲在山檐藤花下，别有意趣。在园中玩累了，从此门回家，或从此门来园中，跨门就到。无论从家入园，或由园归家，都很奇妙。少年俞平伯，想必就这么跑来跑去过。家在园中或园中有家，这可能是苏州有钱人喜欢建园的一大原因吧。沿门边叠加的假山旁行走，发现了真山洞，也是

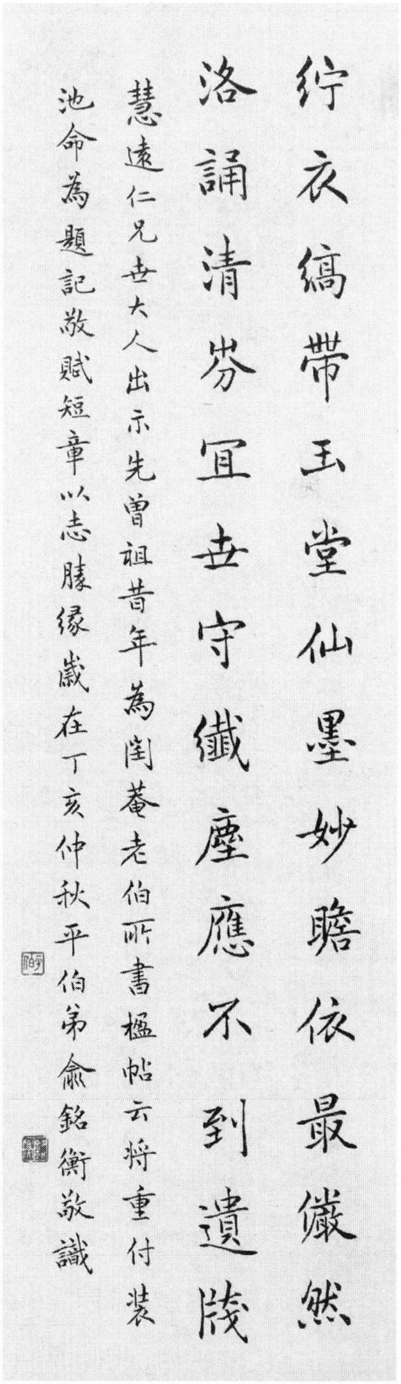

俞平伯楷书七言诗。

作者在曲园。

太湖石垒叠而成，且曲折有弯。如果从山洞穿过去，就是东北隅那两间小房了，叫“艮宧”，是俞家过去的琴房。当年，俞平伯和姐妹们常在此唱曲吧，当然还有常来玩耍的表姐许宝驯，想必青梅竹马之情就是从唱曲开始的。循廊西行，有书房三间，名“达斋”，也是俞樾的另一读书处。细看，这“达斋”与“认春轩”南北相对而立。据传，“认春轩”是从白居易诗句“认得春风先到处”演绎而来的，和“春在堂”颇为契合。

我们在园中流连，被这些浑然天成、玲珑剔透的景观所感染。园中布置，全为俞樾亲自设计，可谓巧夺天工，赏心悦目。俞樾喜欢自己的小园，对园内景物多有题咏，在一首诗中，他写道：“园中一曲柳千条，但觉扶疏绿荫绕；为惜明月无可坐，故于水面强为桥。平铺石板俨成路，俯倚红栏刚及腰；处置梯桄通小阁，差堪布席置茶铫。”由此也可见俞樾建造曲园的初衷和构想。

曲园占地总面积共两千八百平方米，在苏州名园大宅中，并不起眼。但俞樾和那些商贾大户不一样，他以文名世，徒子徒孙众多，俞家曲园自然也就有了名气。曲园的分布，大致是正宅居中，自南而北分五进，其东又建配房若干，与正宅之间以备弄分隔，并相互沟通。东半部分，是家人生活的场所。其西、北为亭园部分，形成一曲尺形，对正宅形成半包围的格局。俞樾生活的时代，正值封建中国大变革时期，新旧思想处于激烈的碰撞之中。但在苏州尚属中等富裕家庭的俞宅，生活平静安逸，往来无白丁，谈笑有鸿儒。在这样的环境中，俞家迎来一桩喜事。

1900 年 1 月 8 日，虽是寒冬腊月，在马医科巷的曲园里，却是一片祥瑞景象，曲园俞家一处温暖的房间里，一个新生命呱呱坠地，而且是个男孩。

俞宅顿时沉浸在欢庆中，曲园老人更是笑得合不拢嘴，捻着如雪的长须，想着给曾孙取名。乳名是现成的，因为出生之日，正是旧历己亥年十二月初八，民间的腊八节，是佛祖释迦牟尼成道的日子，就叫僧宝吧，大名也有了，叫铭衡，字平伯。俞家数代单传，到俞陛云这一辈，又是一连三个女孩。俞陛云已经三十多岁了，算是中年得子，俞家老少数代，长时间沉浸在欢乐中。贺喜的亲朋好友也接连不断。双满月那天，已经七十九岁的曲园老人，抱着曾孙剃头，老人是多么地欢喜啊，连胡子上都挂着笑，皱纹里都溢着乐，回家后，专门赋诗志喜。

在家人精心照料下，小僧宝健健康康地成长。转眼几年已过，到了描红识字的年龄了。1903 年 2 月 5 日，农历正月初八，立春，俞平伯五虚岁了，曲园老人命他从此日开始，正式开卷读书。老人还欣然提笔，以诗记之：

喜逢日吉又辰良，笑挈曾孙上学堂。
一岁春朝新甲子，九天奎宿大文章。
更兼金水相生妙，能否聪明比父强。
记有而翁前世在，尚期无负旧书香。

曲园

清朝光绪年间，俞平伯的父亲俞陛云在北京什刹海留影。

或许也在这一天吧，俞平伯被家人带到庙里，挂名为僧。这也是苏州一带的风俗，娇惯人家的孩子，要到庙里挂个名，求得佛祖保佑，才能长命百岁。多年以后的 1932 年 7 月 18 日，俞平伯曾去戒坛寺待了两三天，归途中还欣赏了好风景。同年 9 月 8 日，根据这次出行，他写了一篇《戒坛琐记》，文中说道：“四五岁就入寺卦名为僧，对于菩萨天王有一种亲切而兼怖畏之感，甚至于眼里梦里都被这些偶像所缠扰，至今未已。这个童年的印象，留下一种对于寺庙的期待。”可见挂名为僧的事，俞平伯是记得一清二楚的。

既然开卷读书了，那就怎么方便怎么读吧，书房里读，卧房里读，客厅里读。教的人也多，曲园老人教，父亲教，母亲教，姐姐也教，平时在园里玩耍时，也要时不时地教上几句、学几句。聪慧的俞平伯，会用稚气的嗓音，不由自主脱口而出学过的唐人诗句，引得一家人哈哈大笑。母亲甚至还教他外文，曲园老人有诗记之：“膝下曾孙才六岁，已将洋字斗聪明。”1905 年 2 月 8 日，俞平伯正式进入家塾，跟着老师读书了。曲园老人依然有诗以记：“厅事东偏隔一墙，卅年安置读书床。今朝姊弟新开馆，当日爷娘上学堂。婉娈七龄尚怜幼，扶摇万里望弥长。待携第二重孙至，记得金奎日最长。”跟着家塾的先生读书习字，和家里人教读完全是两回事了，按时上课，按时下课，读书有了系统，读书时间也长了很多。所读之书，也不是以前家人的信口而教，而是大量的经书，在态度上更是严谨得多，甚至还要挨老师的训斥和板子，再加上家里人也时不时地督促，俞平伯走上了那一时期读书人必走的求学之路。

在家塾读书的十年里，俞平伯经历了很多，从一个不谙世事的孩子，成长为翩翩少年。这十年，对于他人生的重要性不言而喻，他不仅打下了知识的底子，也养成了好学的作风。曲园老人非常看重这个曾孙，从他七岁那年冬天，开始每晚教他写字，灯下桌前，展纸持笔，一勾一划，毫不含糊。但是孩子毕竟还小，拿笔还不稳，玩心也重，常弄得满手满脸的墨，老人当然不在意，每日一纸，持续不断。俞平伯曾深情地回忆说：“清光绪丙午冬，曲园公每夕口授若干字，俾我书之，施因病中止，遂成永诀。”老人也有诗记之：“娇小曾孙爱似珍，怜他涂抹未停匀。晨窗日日磨朱研，描纸亲书‘上大人’。”字里行间，透出老人的喜悦和期盼。

但是，旧历新年都没来得及过，年老生病的曲园老人，于1907年2月5日，即丙午年十二月二十三日终老于曲园，享年八十六岁。俞平伯曾祖母姚太夫人逝世于1879年，安葬于杭州西湖右台山麓，紧挨着法相寺。据曲园老人《右台仙馆笔记·自序》所述，夫人姚氏死后葬于钱塘之右台山，俞樾于墓旁又置一块地，筑屋三间，四周环境优美，“竹篱环之，杂莳花木”，是风水宝地，取名“右台仙馆”。所以，曲园老人逝世后，便和夫人合葬于此。丧葬期间，年幼的俞平伯于灵前读曾祖遗稿，不禁悲从中来，怆然涕下。

曾祖父逝世后，俞平伯继续在家塾读书。只是每晚学写字时，身边已不是白发苍苍的曾祖父，而是严父慈母了。所读之书，也越来越深，还学作文之道。在《析“爱”》一文中，俞平伯回忆了这段苦读生涯，其中也透露出童趣童心和自己的思想，他写道：“我八岁时读孟子到‘孔子成《春秋》而乱臣贼子惧’，觉得这位孟老爹替他太老师吹得实在太凶。《春秋》无非是在竹片上画了些乱七八糟的痕迹，正和区区今日属稿的稿纸不相上下，既非刀锯桁杨，更非手枪炸弹，乱臣贼子即使没有鸡蛋般的胆子，亦何惧之有？或者当时的乱臣贼子，大都是些‘银样蜡枪头’也未可知。若论目今的清时盛世，则断断亦不如此的。”这段议论特别精彩，也有劲、过瘾；同时也有自己的心得，不是人云亦云。确实，这一时期的俞平伯，背书是他的主要学习任务，因为在当时，科举制度还没有废除，各种考试一样不少地进行，先秀才，后举人，再进士，层层推进，越考越难。俞平伯父亲俞陛云先生诗做得漂亮，但他从来不给俞平伯讲解，也不许他念诗，专门让他苦读经书，目的就是为了科举考试。俞平伯是否也像当年周作人在杭州侍奉祖父那样，每天写一篇策论呢？不见记载，但俞平伯后来的文章那么漂亮，特别是文言文，如《秋荔亭记》等，大概也没少了这方面的锻炼吧。但是母亲在课余时间，还是教他背唐诗、对对子。只是常常对错了，引家里人发笑。俞平伯曾回忆说："在我八九岁时，废除了科举，此后，古书才念得少了。不过小时候背熟了的书，到后来还是起了作用。"

古书念少的后果是，家塾老师教得没劲了，没有了科考的目标，也就没了方向和动力，简单说，不知道教什么了。这样，到了 1910 年，俞平伯告别塾师，恢复由父母督课，继续学习古文。父亲还是有远见卓识的，古文毕竟是我国的国粹，是所谓的知识之源。古文学好了，学什么也不会难。

曲园的长廊亭榭里，再次响起俞平伯朗朗的读书声。

这一年，俞家曲园的客厅里，还迎来一位至亲，俞平伯舅父许引之，专程由天津赶来苏州。舅父千里南下，并非全是为了走亲访友，还另有要务——女儿的婚姻大事。俞平伯晚年回忆说：他与许宝驯"虽成婚于丁巳（1917），发动此事则在庚戌也"。双方家长的这个重大决定，使得俞平伯的婚姻非常完美。

随着 1911 年推翻清王朝的辛亥革命爆发，曲园的读书声在这年的秋天消失了，俞家举家迁徙，暂居上海，躲避战乱。一直到次年冬，俞平伯才随父母由上海迁回曲园老宅。此后的两年多时间里，俞平伯都在曲园度过。

人生可以分几个阶段，少年读书是打基础，二十方弱冠，三十而立，四十而不惑……在这几个大阶段里，还有若干小阶段。俞平伯从上

俞曲园、俞陛云和俞平伯在一起。

海回到苏州，到1915年秋考上北京大学文科国文门，三年时间里，除了短暂地在平江中学读半年书外，他都闭门在家，潜心苦读，为高考做准备，陪伴他并担任老师的，一直是他的父母。俞平伯能够顺利地考上北大，固然与他的聪慧过人有关，但也与这段时间的苦读分不开。

近一个世纪之后的我们，行走在俞平伯出生和成长的曲园里，耳畔仿佛响起那轻扬的读书声，还有“艮宧”里传出的琴音……

时间过得真快，不觉已经近午时分，我和友人却无心离开，又把几处厅堂重看一次，拍了几张照片，想象着当年的俞樾，倾其才华和家当，把这小小的一方庭院，布置得充满人生情趣，紧扣一个“曲”字，融象形、抒情、哲理于一炉，使人身在其中，全不以园小而觉沉闷，反因布局之流畅，使心胸豁然开朗。我想，俞樾一生际遇坎坷，居无定所，仅在苏州就搬迁了四次，仕途也屡遭失败，是不是正是这些曲折和失败，才让他顿然醒悟，把一生的情感寄托在家园中呢？“花落春仍在”，回头再读这一名句，它不正表达了他一生的那份乐观和豁达之情吗？不戚戚于功名、不汲汲于富贵，安然恬淡，水到渠成，终修得今天备受雅士文人的景仰，正如他在自作的挽联中所说：“生无补乎时，死无关乎数，辛辛苦苦，著二百五十余卷书，流播四方，是亦足矣；仰不愧于天，俯不怍于人，浩浩荡荡，数半生三十多年事，放怀一笑，吾其归矣。”

俞平伯从小受这样的氛围熏陶，所以才修得以后的名士风采。

我们从正门归去。当一脚跨出门槛时，仍然心有依依，不舍离开。人生有曲有离，也有合有聚，更有失败和成功的交替，俞樾能做到从容淡泊，以读书著述为乐，享受生命的每一寸时光，真让人感佩！

山塘光阴

小的灯舫初次在河中荡漾；于我，情景是颇朦胧，滋味是怪羞涩的。我要错认它作七里的山塘……

这是俞平伯在《桨声灯影里的秦淮河》里的话，文中提到的“七里的山塘”，他还曾在多篇诗文中提及，比如在1918年创作的《忆江南》之二中，就说：“江南好，长忆在山塘。迟日烘晴花市闹，邻滩打水女砧忙，铃塔动微阳。”词里表现出山塘街花市的热闹和洗衣女的忙碌，民俗风情尽收眼底，也有些波俏和顽皮。“铃塔动微阳”的一个“动”字，太巧妙了！仿佛使人听到叮当的塔铃声，在晚霞中轻快、悠长地响起。唐代诗人李频在《陕州题河上亭》中，有“秋色和远雨，暮色带微阳”一句，此句中的“带”，也有灵性，但比之俞平伯词句，就差一截了。也难怪，生于苏州、长于苏州的俞平伯，对于山塘的记忆和感受毕竟是深刻的，难以忘怀的，写起来，也就自然而贴切了。多少年后，俞平伯在北京大学教授古典诗词时，摇头晃脑地背诵一首诗词，然后微闭双眼，沉浸在诗意里，完全忘记了学生们在等着他的讲解。好半天，才说：好，真好！怎么个好，他没讲。看来，好东西真的是只可意会不可言传的。同样，好诗词的构思，也是在一念之间。如果俞平伯缺乏山塘的体验，也绝写不出这样妙境无穷的好词来。

收在《俞平伯旧体诗抄》里有一组《六十自嗟》八首，其五就是回忆阊门的："西望阊门路几条，城河幽折可通桡。移桥三过五踪影，空有儿情阅世遥。"在阊门外，当然就是山塘了。六十岁的俞平伯，还有这样的记忆，可见山塘风光留给他的印象是多么地深。

2013 年 1 月 30 日，我从海边小城连云港动身，专程来姑苏山塘。我是带着"参拜"的心情一路南来的。对于山塘而言，我是个不速之客；对于我而言，山塘又是熟悉的——感觉梦里我已来过多次——全因为俞平伯的诗文。

可惜我来得似乎不是时候，尽管那天薄雾初散，天气极好，天空透明，微风轻扬，河水清洌而冰凉，荡漾着轻波，两岸的麻石、船埠、驳岸、粉墙、黛瓦，还有河中穿梭的舟楫，也许和一百年前并无二致吧。但，我的潜意识里，感觉并未和俞平伯同行。我顽固地认为，俞平伯不会在冬天里来山塘划船游玩、唱曲吟诗的。毕竟，江南的冬天也会有刺骨的寒风，不适合户外活动。而且，俞平伯和朱自清同游南京十里秦淮时，是在"当圆

俞平伯和曾祖父

月犹皎的仲夏之夜”，才“错认它作七里的山塘”。也就是说，俞平伯记忆深处的山塘美景丽色，应该是在春夏之际。俞平伯外祖父曾是苏州知府，他小时候常和姐姐去外祖父家玩，他在《六十自嗟》其四中有诗记之：“姊弟明朝赴外家，同乘笑语路非赊。舆中小有凭阑意，跌下桥西众口哗。”俞平伯在自注中说，他当时五岁，姊琳长一岁。诗中讲述两个孩子坐在轿子里去外公家玩耍，嘻嘻哈哈地，好不快乐，可不小心，在桥西跌了一跤，惹得大家哈哈大笑。

在俞平伯走过的山塘街，或乘船游玩过的河道里，也有了我的游迹，当然也就赋予了我无尽的想象，对视俞平伯为偶像的我来说，应该满足了。再者，俞平伯的山塘，是他童年和少年的山塘，十五岁之后的俞平伯，虽然数次来苏州，但是不是到山塘街寻迹访旧，已无从考证了。

1902 年冬天，俞平伯和他曾祖父曲园老人，在曲园寓中留下一幅珍贵的合影照片，四岁的俞平伯，怯生生地站在疼爱他的曾祖父身边，羞赧地望着镜头。镜头延伸的前方，不仅是曲园老人八十余年的漫漫人生路，也留下他学贯古今的数百万字皇皇巨著。此时的俞平伯尚且年幼，还不知道他身上承载的重任，不知道曲园老人对他的期望。但是，老人的殷殷之情，是谁都可以感知得到的。这一时期，老人有多件作品与俞平伯有关，如送给俞平伯的对子：“培植阶前玉，重探天上花。”还有记述这次拍照的诗：“衰翁八十雪盈头，多事还将幻相留。杜老布衣原本色，谪仙宫锦亦风流。孙曾随侍成家庆，朝野传观到海陬。欲为影堂存一纸，写真更与画工谋。”我猜想，在整个 1900 年代中期的某个艳阳天里，这位老人，一定不止一次地带上他的曾孙，逛山塘街，游山塘河，甚至坐在船上，教俞平伯对对子，唱昆曲，吟古诗。在俞平伯幼小的心灵里，一定有一颗文学的种子在那时候就种下了，为以后的生根萌芽，直至长成参天大树，做了最好的铺垫。俞平伯回忆这段生活的文字很少，我们只能从他的诗中略作猜测。俞平伯在 1984 年 8 月谈《大学》的短文中，回忆道："《大学》为前代开蒙书……四岁初读首篇，尚在光绪甲辰开馆先，原书有先君题记，迄今八十余年矣。"俞平伯有三个姐姐，大姐俞佩瑗，二姐俞珉，三姐俞琳，都精通诗文，善于唱曲。大姐也常常教俞平伯背唐诗。在他五六岁时，常来曲园玩的，还有表兄许宝驹。这位表兄只比俞平伯大几个月，两个小伙伴正好可以结伴玩耍，在曲园里跑来跑去，跟随家人去观前街、山塘街看热闹，也会背诵刚刚学会的唐诗。巧合的是，多年以后，这位表兄也考上北大，比俞平伯要晚两年毕业，一度和俞平伯、朱自清是浙江一师的同事，也能诗能文，有一篇《西湖梅品》受到俞平伯的赞赏。

俞平伯在苏州的这段生活，正是他读书启蒙阶段。出身书香世家、聪明过人的俞平伯，受到的良好教育是一般人难以比拟的。在《秋荔亭随笔——对对子》里，俞平伯就记录了他最初的读书心得：

幼年不学诗。唯令属对。对有三四五七字之分，由三而渐展至七，亦课蒙之成规也。其先皆由两大人自课，其课本则吾母手抄。至光绪戊申，则附入塾中日程内。最初想尚不时倩人，继而师知余拙，每出一对，辄先自为之。若余对不出，则师径以其所预储者填入"课本"中，遂作为今日课毕而放学矣。近来虽仍须理书，对却不再对，以吾母固不知此中之弊端也。如"海棠无香"，余实不知所以对，师则曰，"山药不苦"。以"海棠"对"山药"甚工，虽至今日，余无以易也，而况当年乎。久之渐为两大人所知，约在庚戌之年，又复归内庭督课，而余遂无复书房中之优游矣。然吾父所出，余勉为幼稚之作，非若彼"海棠"者，故余亦渐喜之，亦颇有数句为两亲二姊所赏。余于作诗无所受，若曰有之，此其是欤。入京师已十六岁，而其不解为诗则依然故我。寻书房对对，当颇有可资谈笑者，惜与竹马年光同为烟梦耳。一日，师出上联曰

“绿珠江上月”。绿，颜色，珠，珍宝；“绿珠”美人名，而“绿珠江”又为地名。余当然照例对不出，而一听之吾师，以为吾师必将有以对付之如往日，而孰知其不然。师竟无以对，盖亦漫云尔，初不知“绿珠江”有如此之麻烦也。故至今课本中犹留出一行空白，偶然一见殆不殊昨日，然已匆匆阅三十年矣。顷阅淮阳百一居士《壶天录》卷上，有左列文字：“江宁贡院自癸酉科藩司梅公小岩提调院事，运水入闱，高屋建瓴，凿壁穿泉，免挑运之苦，受汲引之福，一生注水烹茶，拈‘茶烹凿壁泉’五字，措对久不属，良久大呼，五百年前已天造地设一对，明人笔记中不有‘烟锁池塘柳’一句乎，五行各备。合号啧啧称赞，以为得未曾有云。”然则“绿珠江上月”即幸而有偶，当亦在五百年之后矣。

俞平伯不但讲了他幼时学习“对对子”，还记述了关于对对子的掌故。可见“对对子”已经深深烙印在他记忆深处了。那么我也就有理由相信，俞平伯随着家人游山塘，必定会在船头玩“对对子”的游戏。而最疼爱他的曾祖父，应该是不止一次地带着曾孙就近小游吧。毕竟，苏州马医科巷的曲园，离山塘不远，向北，穿过几条古巷，就是阊门，出

苏州阊门旧影

阊门，过“渡僧桥”，就是“七里山塘”。河和街，已经有一千多年历史了，是苏州最老的河街之一。当年，大诗人白居易来苏州任职，凑足银子，动员民工，开凿了由阊门到虎丘的山塘河，挖出的泥土，累积成堤，称“白公堤”，前临街后枕河，街河并行，年复一年，成为苏州最繁华之地。就连《红楼梦》中，都有对这一街市的记述：“这东南一隅有处曰姑苏，有城曰阊门者，最是红尘中一二等富贵风流之地。”想想吧，在这么一处“花柳繁华地，温柔富贵乡”的热闹之处，怎么可能不留下俞平伯的身影呢。

俞平伯喜欢游历，也喜欢划船，他在许多文章中都有提及。和朱自清荡舟秦淮河就不必说了，就是在杭州，也有数次荡舟的记录，比如《西湖六月十八日夜》，还有《月下老人祠下》。他在后一篇文章中，就有这样的话：

午偕环在素香斋吃素，湖滨闲步，西园啜茗。三四妹来，泛舟湖中，泊白云观，景物清绝。有题壁诗四章，各默记其一而归，录其较佳者：“蝴蝶交飞江上春，花开缓缓唤归人。至今越国如花女，荡桨南湖学拜神。”更泛舟西泠，走苏堤上吃橘子。

看看，这就是青年时的俞平伯，和夫人在湖边散步，又与“三四妹”泛舟湖中，是何等的惬意和快乐，加上白云观题壁诗的浪漫情调，真是让读者浮想联翩啊！

孙玉蓉编纂的《俞平伯年谱》，对1912到1914年这三年记述得都很简略，一句话带过：“继续在家读书。”一方面，是那段时间资料缺失，但最为主要的，是在十三岁到十五岁这段时间里，已经是一翩翩少年的俞平伯，在心中悄悄立下写诗著文的理想，在家埋首苦读，填词作文，终于考上了著名的北京大学。可以这么说，俞平伯从幼年、童年，

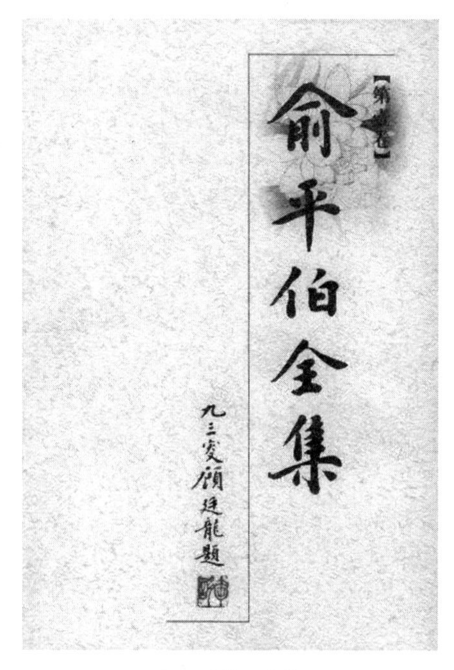

《俞平伯全集》

到少年，除去在上海的一年时间，都是在苏州度过的，苏州有他童年的记忆和少年的乡愁。

有一件小事，可以看出俞平伯内心对苏州的情怀和对曾祖父的怀念，在《俞平伯全集》的许多幅珍贵照片中，有两张照片，很有深意，值得品味。一张是广为流传的幼年俞平伯和曾祖父的合照，另一张是老年俞平伯和曾孙俞丙然的彩色照片。两张照片都是老人拄杖，牵着曾孙的手。巧合吗？中国人讲究家传，讲究文脉。我不知道俞平伯是否教过他的曾孙“对对子”，是否教过曾孙吟诗唱曲，毕竟时代不同了，所学知识结构也不一样。但是，老人心底里那小小的秘密还是透露了出来。

这次苏州之行，让我感怀的，除了马医科巷的曲园、七里的山塘、纵横的古巷和诗意的小桥流水，阊门——也是我魂牵梦萦一直想来的地方。我和友人特意坐一辆观光三轮车，关照车主，要从阊门经过。

早在我初省人事的时候，祖母就不断地唠叨，我们蒋林陈姓，是“苏州阊门人氏”，是“红蝇赶散”，把我们的祖先从江南赶到苏北的。还说家谱上有记载。我祖母掰开我的小脚趾，让我看我的脚趾甲。我惊奇地发现我没有小脚趾甲。祖母说，这是红蝇赶散逃难时，亲人们将小脚趾剁了一刀，便于日后互相辨认。所以，被红蝇赶散的苏州阊门人氏的后代，他们的小趾甲都是“瞎”的。

后来进城工作，听不少沿海的盐民和岛上的渔民也这样说，有的说是“苏州阊门外”，有的说是“红巾赶散”或“洪武赶散”“红蜂赶散”等等，总之差不多，就连说话的口气，也多有惋惜之意，仿佛如果不是该死的“红蝇”，我们至今依旧生活在天堂苏州。其实，这里一定有什么神秘的典故或传说，甚至有附会之意。因为剁坏小趾，绝不会遗传给后代。但是，这“红蝇赶散”的本身，显示了逃离苏州的老百姓的心头是窝了多么大的怨恨和愤怒啊！又过了若干年，在连云港市老作家彭云先生的《海州乡谭》里，有一篇《神秘的“红蝇赶散”》，正好记述了这件事：“原来，元末至正十三年（1353 年），泰州人张士诚率盐民起义，割据范围南到浙江绍兴，北到山东济宁，西到皖北，东到大海。至正二十三年（1363 年）自立为吴王，定都平江（今苏州市），多次与朱元璋激烈交锋。至正二十七年（1367 年）朱元璋攻破平江，张士诚被俘自缢身死。朱元璋因攻打平江损失惨重，便把对张士诚的满腔怒火，全发泄到平江百姓的身上，下令将平江最繁华的阊门一带的住户，全部赶往北方荒凉的海边熬盐。传说朱元璋还恶狠狠地讲，你们不是都跟着

现代山塘河

私盐贩子（张士诚）跑吗，我现在就叫你尝尝熬盐的滋味。‘上有天堂，下有苏杭’，过惯舒服日子的平江百姓到了海边，生活一落千丈，苦不堪言。他们明面上只能说‘洪武赶散’‘洪君赶散’，而背地里却咒骂朱洪武是红蝇、红蜂。后代以讹传讹，就出现了‘红蝇赶散’和‘红蜂赶散’等可怕的故事了。”

善于联想是中国人的秉性。我也不例外，在阊门附近徘徊，或在山塘河划船，在山塘街漫步，我总是对错过成为苏州人而耿耿于怀。但是一想到俞平伯，又释然了。他尽管祖籍浙江德清，却也算是世居苏州、更有豪华的曲园，但自十五岁离开苏州后，就再也没有回来定居过。苏州毕竟是他故乡，年轻时，他数次来苏州旅行，也有多篇记游的诗文。但只是纸上的故乡了。1953 年(一说 1954 年)，他还做出一个惊人之举，专程回苏州，把祖屋曲园捐赠给苏州市政府。

这样一想，我反倒莫名地愉悦，对于一个附会中的传言，有什么必要上心呢？

俞平伯1990年90岁生日与曾孙在一起。

在离渡僧桥不远的临河小广场，有一个亭子，上有一副对联，说的就是寻根的意思。而且亭前铺地的黄麻石上，有好多苍劲的“根”字。我请教这是什么体，友人告诉我，这是隶书。于是我想，这寻根的古亭，这比“斗”还大的“根”字，都有一种别样的气韵，萦绕在我们心际。如果多少年后，我们再回首这次山塘之行，是否也会感叹"记得那年初相识"的愁绪呢?

我们漫步在山塘街上，看似漫不经心，其实，心随意走，已经融进这久远的气氛中了。隔河远眺今日之阊门，城楼经过修葺，配饰了镁光灯等现代技术，如果是晚间，肯定霓虹闪耀，美轮美奂。再看那些高悬的串串灯笼，还有层楼迭屋，无论新旧，都古风犹存。山塘街的石板路上，陈旧的小桥、古铺、人家，都映现出千年的风霜，回荡着远古的足音。串串灯笼下，百年老店里的苏绣、字画、真假古董，还有猪油白米糕，卖什么的都有；老式的茶馆，品茗的清客，婉转的琴声，是谁在演唱弹词开篇?旧时戏台，商人会馆，还有骑河的石桥，轻扬的橹桨，次第出现在眼前，难道这是一百年前的山塘?真想也租一条小舟，弄几色船菜，和好友边饮酒边闲话，虽然不能像古人一样风雅，但一生能有"同船在山塘"的经历，也算是我们追随俞氏士风的一次美好记忆吧。

出阊门的山塘一带街巷纵横，虽不太复杂，往回走时，却差点迷了路，幸亏熟悉这座渡僧桥。从渡僧桥出山塘，我们打车来到双塔附近的凤凰古街，无意间走进一家好吃的百年老店，要了几样心仪的小菜，把酒小酌。谈话是轻柔而温软的，也是舒心而欢畅的，却句句离不开俞平伯，间或也说到他的友人，说到朱自清，说到叶圣陶，说到王伯祥、顾颉刚，还有他的老师周作人以及朋友废名，说到那一代人的盖世才华和传世文章，时而唏嘘，时而感佩。一位好友，几样小菜，半壶老酒，还有伴随我们的文学大师，这餐饭，也算是别有风味啊!

求学北大

东华门箭竹杆胡同，是北京东城一条寻常的小巷。1915 年秋天，小巷里迎来一个南方少年，他就是年仅十五周岁、北京大学文科国文门新生俞平伯。

在俞平伯读书的那一时期，虽然早就废除了科举制，但求取功名，在读书人的心目中，还是占有相当的比重。早几年在苏州读中学的王伯祥、叶圣陶、顾颉刚、章元善等，刚入学时，还对五年中学毕业取得举人（相当于）资格很感兴趣，那么俞平伯考进北京大学，就相当于进士了。开明人士虽然对这一“相当于”颇为不屑，但在民间，持这一观点的还不在少数。年少的俞平伯及其家人十分珍惜北大的读书氛围，举家迁居北京，也就顺理成章了。

初次步行在小巷里的俞平伯，用新奇的目光，看着皇城根下的残破景象，还有夕阳下不断飘忽变幻的自己的身影，并未感觉到这里的陌生或隔膜，反而有些亲切，有些似曾相识。是梦里来过吗？耽于幻想的俞平伯喜欢回味梦境，喜欢把自己当成梦中的主人，当然就会把现实和梦境混在一起，交相映照，年少的心灵也便浪漫而丰富起来。或许呢，梦里真的来过，也或压根就是自己的臆想。总之，他心愿里，是全盘地接受了。其实，这要多亏他家人。父亲俞陛云是晚清进士，饱读诗书，可谓学富五车了，想必也还有些家底，为了照顾俞平伯的读书和日常生活，于是迁居箭竹杆胡同——上学近啊，和北京大学相距咫尺，抬步就到，省去不少包车的费用。

一进北大，俞平伯就给自己改了字和号：字直民，号屈斋（为此，他还受到校方的处分）。古人字号，大都有所寄托。寄托什么，为什么寄托，自己不说，别人只好望文生义。俞平伯从小接受传统的老式教育，所取字号，也便直指自己的心迹。“直民”，“屈斋”，一个“直”，一个“屈”，可不是随口乱起的。不管别人如何理解，我觉得，这二字正好诠释了俞平伯一生的遭际。

1916 年，俞平伯已经适应了北大生活，读书问学之余，少不了逛逛北京名胜，逛逛古董铺子，清明节那天，还外出踏青，初绿的柳芽，

北京五四大街上的北大红楼

黄侃（1886－1935），初名乔馨，庠名乔鼐，后更名侃，字季刚。晚自署量守居士。湖北蕲春人，生于四川成都。国学大师，语言文字学家。

陈独秀（1879－1942），原名乾生，字仲甫，号实庵，安徽省怀宁十里铺（今属安庆市）人。思想家、政治人物，中国共产党的主要创建者之一及首任总书记。

胡适（1891－1962），原名嗣穈，学名洪骍，字希疆，后改名胡适，字适之，笔名天风、藏晖等，安徽绩溪上庄村人。现代著名学者、诗人、历史学家、文学家、哲学家，新文化运动领袖。

周作人（1885－1967），原名櫆寿（后改为奎绶），字星杓，又名启明、启孟、起孟，笔名遐寿、仲密、岂明，号知堂、药堂等。浙江绍兴人。中国现代著名散文家、文学理论家、评论家、诗人、翻译家、思想家，中国民俗学开拓人，新文化运动代表人物之一。

沈尹默（1883－1971），原名君默，浙江吴兴人（今浙江省湖州市吴兴区），出生于陕西省兴安府汉阴厅（今陕西省安康市汉阴县）。书法家，早期尝试派诗人。

钱玄同（1887－1939），原名钱夏，字德潜，号疑古，浙江吴兴（现浙江湖州市）人。现代文字学家，是新文化运动的先驱者之一，曾主张废除汉字。

刘半农（1891－1934），原名刘寿彰，后改名复，初字半侬，后改字半农，号曲庵，笔名有寒星、范奴冬等。江苏江阴南沙镇马桥村殷家埭（今属苏州市张家港市）人，现代著名诗人、杂文家和语言学者，中国早期摄影理论家，著作《半农谈影》，是中国第一部系统的摄影美学专著。音乐家刘天华、刘北茂之兄。

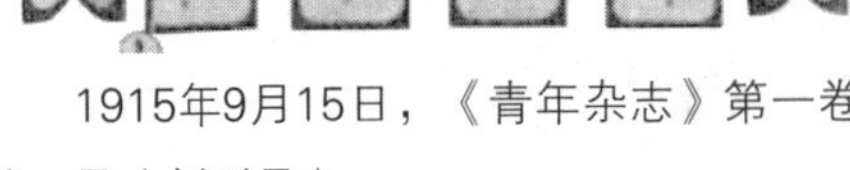

1915年9月15日，《青年杂志》第一卷第一号（创刊号）。

五四时期《新青年》杂志。

艳丽的桃花，清波微漾的河水，柔滑温润的熏风，感染了俞平伯，他边游边看，边看边想，诗情被春风撩拨了起来，嘴里也情不自禁地念念有词。回家后，他兴致极浓地做了一首诗，这便是《丙辰上巳公园》：“未觉芳华远，年年禊玉河。漪沦留昨忆，缱绻托微波。柳意低亲黛，花容发旧蛾。听琴空有契，流水问如何。”

这时候，白话文学还没有兴起，开放的风气还不比一两年后。俞平伯的读书基本上按部就班。他携带的书包，大约是和老师黄侃一样的青布包袱吧，读的课程很多，布包里的书也不会少。在必修课程之余，黄侃指导他读《清真词》。俞平伯的国学底子本来就厚实，对诗早有兴趣，对词，却有些为难。在自述中，他曾说：“我小时候对词毫无了解，最大的困难是‘读不断’。诗非五言定七言，词却不然了，满纸花红柳绿的字面，使人迷眩惊奇。有一些词似乎怎么读都成，也就是怎么读都不大成。这个困难似乎令人好笑，却是事实。”但是，入了北大，加之有让他佩服的老师做指导，俞平伯心情极好，也很感荣耀。可以毫不夸张地说，俞平伯在北大读书期间，黄侃、胡适、陈独秀、周作人、沈尹默、钱玄同、刘半农等新老派著名学者，有的早已是北大名教授，有的陆续进入北大，可谓群贤毕至，济济一堂，他们治学严谨，又不失开放。仅以黄侃为例，他教育学生说，中国的学问，“犹如仰山铸铜，煮海为盐，终无止境。”他自己治学，也是“当日日有所知，也当日日有所不知”。俞平伯是幸运的，因为他遇到了严师黄侃。老师不仅对学生严，自己也终日苦读。至于如何苦读，曾有好事者搜集到这样一则典故：1915 年，黄侃住在北京白庙胡同，终日潜心研究“国学”，有时吃饭也不出门，准备几个冷馒头，以及辣椒、酱油等佐料，摆在书桌上，饿了便蘸着佐料啃馒头，边吃边看书，吃吃停停，看到妙处就大叫：“妙极了！”有一次，看书入迷，竟把馒头伸进砚台、朱砂盒，啃了多时，涂成花脸，也未觉察。一位朋友来访，捧腹大笑。他还不知人家笑他什么。凡典故多有演绎成分，但总是事出有因的。黄侃是章太炎的学生，而章太炎的老师，就是俞樾。有了这层关系，俞平伯学习《清真词》也格外用力。但是，俞平伯毕竟不是等闲之辈，任黄师把《清真词》说得多么好，俞平伯仍有自己的判断标准。初读《清真词》时，他更喜欢“周词中极漂亮而又浅显的雅俗共赏之作”，在黄师郑重叮咛之下，这种观念才有所改变。后来俞平伯在《清真词》的研究上建树很多，专著有《清真词释》，另外还有《读词偶得》《唐宋词选释》等，可以说这和大学时跟随黄侃苦读不无关系。

也是在箭竹杆胡同，1917 年初，搬来一个重量级人物，他就是创办《新青年》杂志的陈独秀。已经接受新思潮洗礼的俞平伯，对大名鼎鼎的陈独秀一定不会陌生。能和这位思想先锋的大人物同居一条胡同，俞平伯思想里涌动起小小的浪花是可以想见的。这条平凡的胡同，也因此更加地不平凡起来。

2013年4月4日，清明节，北京天气依然灰雾蒙蒙，不透阳光，我专门去了趟北池子一带的箭竹杆胡同。胡同不算难找，在新式楼房形成的“盆地”一隅，只有陈独秀当年居住的一个院子了。院门旁边立一块碑，上书“陈独秀旧居”。在碑背后的墙壁上，有两块金属的牌子，被一个庞大空调室外机压迫着。小的一块牌子是汉语，大的一块是汉英对照。汉语的简单介绍为：

陈独秀旧居

位于东城区北池子大街箭竹杆胡同20号，是陈独秀1917—1920年在北京的住所。

陈独秀（1880—1942），原名庆同，安徽怀宁人，是新文化运动的主要倡导者，中国共产党创始人之一。早年留学日本，1915年9月创办《新青年》杂志，提倡民主和科学。1917年任北京大学文科学长，1918年和李大钊创办《每周评论》。1920年创建上海共产主义小组，1921年在中共“一大”上当选为中央局书记，直到1927年，历任中国共产党最高领导。2001年陈独秀旧居被列为北京市文物保护单位。

我在短短的胡同里徘徊整整一个中午，时天气阴霾，下起淅淅小雨，人不多。我询问了好几个人，知道先于陈独秀住进来的俞平伯吗？他们都说不知道。至此，俞平伯箭竹杆故居的大致方位也不得而知了。我私底下曾以为，俞平伯当年的名气太小，还没有资格和胡适、钱玄同、刘半农、沈尹默、周作人等人一起，常常进出陈宅，交流思想，商谈文章。但事实是，俞平伯经常拜访陈独秀，和陈独秀晤谈。俞平伯日记中，多次记载了他和陈独秀交往的时间和地点。可惜，这段邻居之谊，随着陈独秀1920年年初搬走而结束了。巧的是，俞平伯也刚于上年末搬离至老君堂，二人搬离的时间仅相差几天。

陈独秀北京旧居外景

在互为邻居时期，陈独秀对俞平伯的思想和创作究竟有多大影响，或者说，影响有多深远，俞平伯在日记里有涉及，在晚年一些谈话和序跋里，也有提及。1963年，俞平伯在《〈戊午年别后日记〉跋》中写道："戊午年为五四运动前一年，记中载晤陈独秀、胡适，又言阅读《新青年》，盖新文学已在萌芽矣。"孙玉蓉编纂的《俞平伯年谱》，根据日记，也提及二人的交往，如1918年3月13日："作译稿序文。上中国文学史课和日文课。午后，在阅书报社与毛以亨、王幼屏将文稿捡齐，于次日交给陈独秀学长。"3月21日："将郑文焯《清真词》还给黄季刚先生。至二道桥研究所听讲'老庄哲学'。晤陈独秀学长。晚，阅骈文集《四六法海》。"可知的事实是，1918年5月15日《新青年》第四卷第五期上，俞平伯创作的白话新诗《春水》正式发表。这对俞平伯来说，意义殊为重大，不仅是他发表的第一篇新文学作品，还是他第一次在影响如日中天的旗帜性杂志上发表，可谓盛装亮相。要知道，那时候，俞平伯还是一个年轻的大学生。这一年，他还创作了书信体论文《白话诗的三大条件》、新诗《冬夜公园》等，前者也于次年发表于《新青年》第六卷第三期上。

1916年前后，为《新青年》刊物而忘我工作的蔡元培与胡适。

徘徊在箭竹杆胡同陈独秀故居前的我，心里想的更多的是俞平伯，这个感觉有些怪，有些彷徨和朦胧。天空的小雨似有若无，我倚靠在故居的墙上，望着阴晦的天，仿佛看到年少的俞平伯，从一幢门楼里出来，拐进另一幢门楼，从布包里拿出一叠文稿，交给陈独秀，然后是两人的轻声漫谈，或者，是陈独秀豪放的笑声……我知道这是自己的想象，但我也知道，在那个特殊的年代里，这样的场景一定出现过。

这一年，还有一件事情非同凡响，这就是，俞平伯应傅斯年之约，积极参与新潮社的筹办，从 10 月到 11 月 19 日新潮社正式成立，俞平伯做了许多实际工作。成立大会是在北京大学标志性建筑红楼图书馆的一个房间里举行的，除了俞平伯外，主要发起成员还有傅斯年、罗家伦、顾颉刚等。被请来参加活动的老师更是光彩夺目，他们是：蔡元培、陈独秀、胡适、钱玄同、李大钊等。看看这一串名单，就知道前辈们对于他们所寄予的是什么样的希望了。

新潮社的早期成员共有二十一人。五四前期，社团和期刊是不可分割的整体，新潮社也不例外。1918 年 12 月 13 日，《北京大学日刊》刊登了《新潮杂志社启事》:“同人等集合同趣组成一月刊杂志，定名曰《新潮》。专以介绍西洋近代思潮，批评中国现代学术上、社会上各问题为职司。不取庸言，不为无主义之文辞。成立方始，切待匡正，同学诸君如肯赐以指教，最为欢迎！”“宣言”虽短，主张却十分明白。启事还公布了作为杂志撰述员的二十一人名单，并设编辑部和干事部，俞平伯被选为干事部三个书记之一。

1919年恰逢五四运动暴发，俞平伯是全程的“参与者”。1月，《新潮》杂志正式创刊。俞平伯在第一卷第三期上就发表文章了。但用今天的眼光来看，这篇文章有些“怪异”，标题是《打破中国神怪思想的一种主张——严禁阴历》。4月，他又参加北京大学平民教育讲演团，为第四讲演所的讲演员。俞平伯口才不算好，演讲不是他的特长，参加的主要原因，可能因为他是新潮社成员吧。《严禁阴历》的文章和参加演讲团，我私心里以为，并不是俞平伯内心所愿。推测当然是无依据的。

五四运动时期，北京大学“新潮社”部分成员合影（前排右起为汪敬熙、康白情，后排右起为周炳琳、段锡朋、罗家伦）。

严禁阴历这样的主张，只要能自圆其说，就应该允许作者将自己的观点展示给公众。事实上，俞平伯是借严禁阴历来谈对时事的不满：“我在北京已经过了四个新年。据我观察这四年来社会上一切情状，不但没有什么更动，更没有一点进步，只是些装神弄鬼的玩意儿，偏比以前闹得格外厉害。无论在茶棚，酒店，甚至于外国式的饭店，达官贵人的客厅，总可以听见什么扶乩呵，预言呵，望气呵，算命呵，种种怪话。亲友见面的时候，说话往往带些鬼气。我也不知道他们真是活见鬼呢，还是哄着小孩子玩呢？这姑且不提。就是这次，阴历的年关，噼里啪啦的声音——迎神降福的爆竹——足足闹了十几天，比往年热闹得多。这也可见得崇祀鬼神的心理，始终不变。我看见一般人讲鬼话，比讲人话还高兴；实在有点替他们难受。随便就做了这篇很短的文章。”又说，“我主张严禁阴历有理由，因为这是中国妖魔鬼怪的策源地。我们想想中国

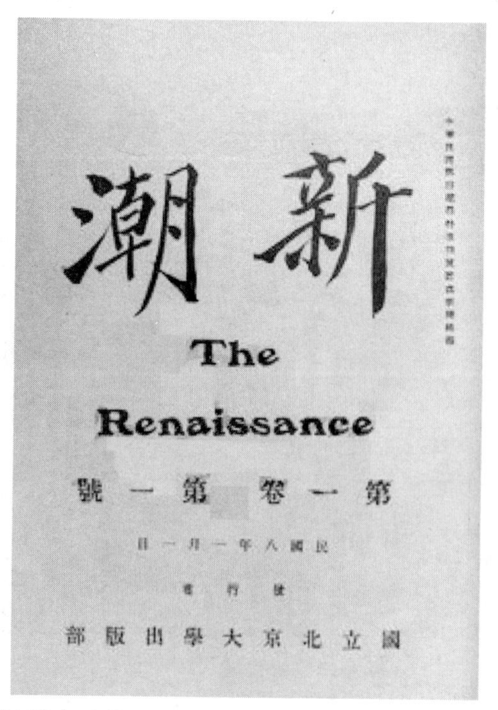

《新潮》（第一卷第五号），1919年北京大学出版。

现在种种妖妄的事，哪件不靠着阴阳五行；阴阳五行又靠着干支；干支靠着阴历。所以如严禁阴历，便不会有干支，不会有干支的阴阳五行；不啻把妖魔鬼怪的窠巢，一律打破。什么吉日哪，良辰哪，五禁哪，六忌哪，烧香哪，祭神哪，种种荒谬的事情，不禁自禁，不绝自绝。就是现在的人脑筋里忘不了妖魔的教训，鬼怪的思想，但是总不至于遗传到后来心地纯洁的青年身上去。所以我以为严禁阴历——禁止阴阳合璧的历书，——是刻不容缓的事，是打破中国几千年来神怪思想的最简洁最痛快的办法。”文章写于2月5日，是专为《新潮》而写，因为他是新潮社的骨干分子。

那么参加演讲团呢？同样是因为他是新潮社的骨干。当时，演讲团的宗旨是：“增进平民知识，唤起平民自觉心。”成员们有组织、有计划地来到热闹的街市或庙会上，三到五人为一组，打着宣讲旗号，敲锣打鼓，聚集人众，演讲团成员站在高处，慷慨激昂，极富煽动性和号召性……我总觉得在这样的场合里，不会有俞平伯的身影；他的身影，应该出现在冷雪天访陶然亭的古道上、炎夏夜游秦淮河的画舫里……但事实上，他确是演讲团成员之一。从历史发展来看，演讲团的活动客观上对五四运动的发生起到了推动作用。多少年后，有人请俞平伯谈谈对五四运动的记忆，老人家的回答极富艺术性：虽然也碰着一点点边缘，当时的认识却非常幼稚，且几乎没有认识。又是一句大实话。要是放在那些自我标榜为革命者的人身上，不知要把自己粉饰成什么样的积极青年了！

俞平伯的创作式样越来越多样，五四运动这一年，也是他在北大的最后一年，他开始小说的写作，第一篇白话小说《花匠》发表在《新潮》第一卷第四期上，接着又写一篇《炉景》。俞平伯对于小说，是早有接触，十岁出头时，就爱读志怪传奇，读《水浒》《三国》《荡寇志》，一度还觉得《红楼梦》算不得什么。大学里，也有小说课程，他

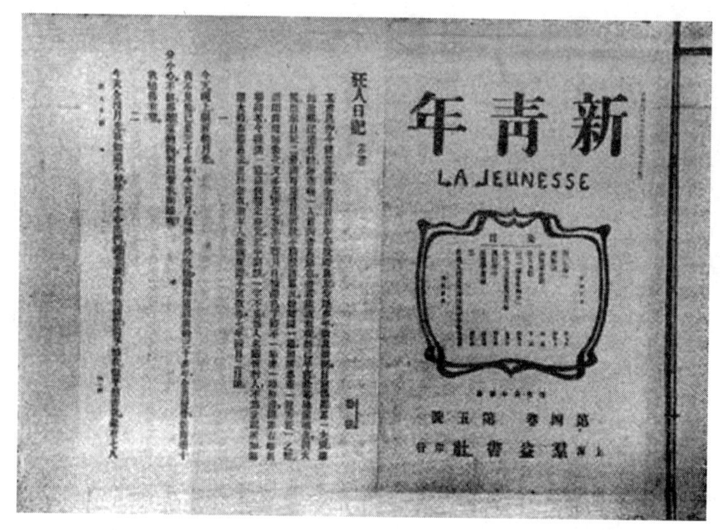
狂人日記

新青年

LA JEUNESSE

第四卷 第五號

上海羣益書社發行

1918年，鲁迅（原名周树人）首次用“鲁迅”这个笔名在《新青年》杂志发表《狂人日记》。

的老师周作人、胡适和刘半农三人在 1917 年一进入北大时，就开了小说课。俞平伯便把自己的研究科目定为小说，当时志在研究小说的，只有他和傅斯年。1918 年 2 月 1 日，在北京大学一所教室里，戴着眼镜的周作人，正慢声细语地讲授《俄国之问题小说》。周作人也不是特别能讲的教授，声音不脆，在课堂上似乎打不起精神。或许是讲授的视角独有特色吧，俞平伯听得入心，就在这时，他开始进入小说的构思状态，一些故事，一些情节，一些人物，次第出现在脑海里，构成一条完整的小说链条……这时候的中国白话小说开山之作《狂人日记》还没有开笔，鲁迅先生还躲在会馆里抄他的古碑，钱玄同先生正苦口婆心地动员他给《新青年》写篇文章呢。如果俞平伯能够及时写出这篇小说，或许会抢在《狂人日记》之前发表也未可知。而《狂人日记》也是受俄国小说影响很深的“问题小说”。当然，俞平伯能在 1919 年发表《花匠》，也是开了时代之风，算是了不起的成绩了。

在临毕业的这一年里，俞平伯在新诗、旧诗、论文、小说、日记等诸多体裁方面，写了很多，也做了几次演讲。回过头来看看，有些创作，或多或少都和《新潮》有些关联，而大部分作品也发表在《新潮》上。他在回忆这段生活时写道：

《新潮》和《新青年》同是进步期刊，都宣传新思想、新文化，宣传“赛先生”（即 Science，科学）与“德先生”（即 Democracy，民主），但在办刊方向上却稍有不同：《新青年》偏重于政治、思想、理论论述；《新潮》则偏重于思想、文学方面，介绍一些外国文学。《新青年》内部从一开始就分为左、右两派，斗争激烈，直至最后彻底分开；《新潮》的路线相比之下则稍“右”一些。

我参加《新潮》时仅 18 岁，知识很浅。由于自己出身于旧家庭，所以对有关新旧道德的讨论比较注意，曾写一篇有关新道德的文章。顾颉刚写过论述家庭的文章，怕自己家里知道，署名“顾诚吾”，在《新潮》上发表。

《新潮》的政论文章不太多，大多数是文艺作品，我那时初学写新诗和白话小说。我最早的一首新诗《北河沿之春》发表在《新青年》上（其时尚未有《新潮》），记得中有四句：

双鹅拍拍水中游，
行人缓缓桥上走，
都说春来了，
真是好气候。

我发表在《新潮》上的第一首新诗是《冬夜之公园》，描写当时北京的中央公园（现在的中山公园）。以后又写了描写天津海河的新诗《春水船》等。我还写过两篇白话小说：《花匠》和反对妇女守节的《狗和褒章》。《花匠》曾被鲁迅先生编选入《中国新文学大系》里，说的是花匠修饰花卉，把花的自然的美完全破坏掉了。这是一篇反对束缚的文章。这些早期的作品现在看起来是很幼稚的，因为那时年纪很轻，思想里并没有明确的反封建的意识（我们当时对“封建”的理解是分封诸侯的意思，与今天不同）。尽管如此，这里面实际却包含着反对封建、要求民主的思想。

——俞平伯《回忆〈新潮〉》

在动荡的 1919 年年末，俞平伯大学毕业了。这一届毕业的学生，比任何一届都非同寻常，甚至连就读时间都多了半年。

陶然亭的雪

“今日城南寻故碣，又看芳草垄头新。”这是俞平伯在《陶然亭鹦鹉冢》里的诗句。俞平伯还有《陶然亭杂咏》三首，其二其三云：

纵有西山旧日青，也无车马去江亭。
残阳不起风尘睡，冷苇萧骚风里听。

原野空虚故国悲，稻粱虽好鸟飞迟。
茫茫上下都求索，欲向芦花问所之。

这是俞平伯游陶然亭后创作的。多年后，俞平伯对于这次难忘的陶然亭之行还记忆犹新，并写成了著名的散文名篇《陶然亭的雪》。虽然，他谦逊地说，是在《星海》编辑们的催促之下，才“追忆昔年北京陶然亭之雪”的，但不可否认的是，陶然亭留给他的记忆是多么地

晚年俞平伯

深切。

当年的陶然亭，还在北京郊外，荒寒、冷僻，特别是在下雪的寒冬，更是少有人迹。俞平伯和朋友一起，雇两辆“胶皮”，往陶然亭而去。“胶皮”车主只愿意到前门外，余下的路，只好步行了。道路自然是十分难走的，“街衢上已是一半儿泥泞，一半儿雪了。幸而北风还时时吹下一阵雪珠，蒙络那一切，正如疏朗冥蒙的银雾。”

能在大冬天里，冒风踏雪，和朋友一起到荒郊野外去游玩，理由很多，大约两种理由最为重要：一是同游者，想必是知心好友，有共同的趣味，一路有话可说；二是陶然亭确是值得一去的游览佳地，心仪已久，在冬闲时去做一次亲密接触，独享那一份孤寂。也许这两个理由都有。这次冬游，是俞平伯青年时一次重要的游历，否则，不会在几年以后，还记得如此清晰。

俞平伯喜欢游览，京城附近和江南名胜，他去过很多地方。和家人山阴五日游，和朱自清同游南京秦淮河，又去上虞白马湖访友，多次和家人游西湖。1931 年 9 月的 7 日和 9 日两天，两次陪陈寅恪游玩了万寿寺和沙河、汤山等地；10 日，又和朱自清同游阳台山大觉寺；不到一个月，10 月 5 日又和陈寅恪同游万牲园，还兴致很浓地一起观看了雨后的牡丹。真是玩性大发！而且在很多次出游中，不是有诗记，就是有文章。

这次陶然亭之游，从俞平伯的文中记载的其住在“东华门侧一条曲折的小胡同”推测，应该是在 1919 年以前，因为 1919 年他已经从东华门箭竹杆胡同搬到老君堂了，再准确点说，应该是 1918 年冬之前的某个寒雪之日。那么，还是他在北大读书时期了。

那时候的陶然亭是个什么样子呢？张恨水在《乱苇隐寒塘》里有详细记载：

张恨水（1897－1967），原名心远，恨水是笔名。著名章回小说家，也是鸳鸯蝴蝶派代表作家，在20世纪的汉语文学史、白话文发展史上有重要影响。

它在内城宣武门外，外城永定门内，南下洼子以南。那里没有人家，只是旷野上，一片苇塘子，有几堆野坟而已。长芦苇的低地，不问有水无水，北人叫着苇塘子。春天是草，夏天像高粱地，秋天来了，芦苇变成了赭黄色。芦苇叶子上，伸出杆子，上面有成球的花。花被风一吹，像鸭绒，也像雪花，满空乱飞。苇丛中间，有一条人行土路，车马通行，我们若是秋天去，就可以在这悄无人声漫天晴雪的环境里前往。

陶然亭不是一个亭子，是一座庙宇，立在高土坡上。石板砌着土坡上去。门口有块匾，写了“陶然亭”三个字。是什么庙？至今我还莫名其妙，为什么又叫江亭呢？据说这是一个姓江的人盖的，故云，并非江边之亭也。三十年前，庙里还有些干净的轩树，可以歇足。和尚泡一壶茶末，坐在高坡栏杆边，看万株黄芦之中，三三两两，伸了几棵老柳。缺口处，有那浅水野塘，露着几块白影。在红尘十丈之外，却也不无一点意思。北望是人家十万，雾气腾腾，其上略有略无，抹一带西山青影。南望却是一道高高的城墙，远远两个箭楼，立在白云下，如是而已。

我在北平将近二十年，在南城几乎勾留一半的时间，每当人事烦扰的时候，常是一个人跑去陶然亭，在芦苇丛中，找一个野水浅塘，徘徊一小时，若遇到一棵半落黄叶的柳树，那更好，可以手攀枯条，看水里的青天。这里没有人，没有一切市声，虽无长处，洗涤繁华场中的烦恼，却是可能的。

陶然亭周遭的环境，从张恨水文章中，已全然有了了解。文中也隐约透露出，文人雅士是喜欢到这些荒蛮之地去访古探幽的，似乎只有这些地方，才能勾引他们的文思，发挥他们的想象，激发他们的灵感。依俞平伯的个性，他的踏雪寻访，或许也有其因吧。如果不是《星海》的朋友们逼他“饶舌”，俞平伯的这次出行，会随着时间的推移而渐渐淡忘的。但如果不是印象深刻，即便有朋友的约稿，也不会牵连地想起几年前的这次冬游，从而一挥而就，写出散文名篇。俞平伯喜欢追寻梦境，记录梦境，也常常生活、潜游在梦境里，这是他受传统文化浸染较深的缘故，也是对人生持有的浮生若梦的见解，他一生的为人和为文都是如此，都将朦胧和梦幻、唯美与想象，当作艺术最高境界来追求，同时也把惆怅和感伤，当作是弥足珍贵的趣味，仿佛手中把件，来抚摩赏玩。他除了爱写梦、追梦、淘梦，还爱写水、写月、写风、写夜，喜欢寻思在自己设定的伤情世界里，不能说是自得其乐吧，反正他不厌其烦地这样“自寻烦恼”。其实，这也是他的一种“顺其自然”的人生观。在《陶然亭的雪》的小引里，他这种随遇而安的情态，也得到了体现：“近来时序的迁流，无非逼我换了几回衣裳；把夹衣迭起，把棉衣抖开，这就是秋尽冬来的唯一大事。至于秋之为秋，我之为我，一切之为一切，固依然自若，并无可叹可悲可怜可喜的意味，而且连那些的残痕也觉无从觅呢。千条万派活跃的流泉似全然消释在无何有之乡土，剩下‘漠然’这么一味来相伴了。”依然是一如既往地伤愁和苦涩，又有一丝淡淡的玩赏，甚至透出自得的情态，看似是写自己，却又有一副事不关己的意味，自有一种不为物喜、不为己悲的洒脱自如之境和随缘即应的淡然出世之心。

有一段时间，我在北京写作，在地铁四号线上，经常路过“陶然亭”站。写陶然亭的文章汗牛充栋，游览过陶然亭的名人也不计其数，可每一次，我都会想起《陶然亭的雪》，想起俞平伯，想起他踏雪“摇晃”在通往陶然亭的乡道上，一望无际的雪野，歪歪扭扭的脚印，还有风裹起的雪珠；年轻的俞平伯，双手拢在棉袍的袖子里，披着粗呢的大氅，雪在脚下咯吱咯吱地响，风在耳边呼呼地吹，间或和友人说几句，也是在询问路径——由于是初次探访，又恰是飘雪天，俞平伯和友人一时找不到哪里是陶然亭了，他们在灰蒙蒙的天底下张望着。远处，寥落的几处房子，映在雪原上，孤零零地在风中颤抖，看着这里也像，看着那里也像，最后商量着："偏西南方较高大的屋，或者就是了。"随即又自问自答："但为什么不见一个亭子呢？藏在里边罢？"好不容易走到了，当"到拾级而登时，已确信所测不误了"。对于陶然亭无亭，俞平伯也不免流露出失望之情，甚至再一次怀疑起来，并假设，"若至今还是疑问，岂非是个笑话"。因为来的时候，俞平伯是有"预期"的，希望有"一座四望极目的危亭，无碍无遮，在雪海中沐浴而嬉，宛如回旋的灯塔在银涛万沸之中，浅礁之上，亭亭矗立一般"。有亭，而且是"危亭"，这又体现出俞平伯内心的趣味了。而眼前实际见到的，不过是"拙钝的几间老屋，为城圈之中所习见而不一见的，则已往的名流觞咏，想起来真不免黯然寡色了"。

雪又飘了起来。雪花像精灵一样，在天空飞舞，在残旧的房舍间、墙脚下和廊沿里钻来钻去，也飘落在游客的身上。对于雪花的飘落，俞平伯似乎并不介意，"趁它们未及融为明珠的时候，我即用手那么一拍，大半掉在地上，小半已渗进衣襟去"。这样清淡的叙述，像雪花一样调皮。当然，俞平伯和朋友并非是要和雪花捉迷藏，既然选择这么一个天气和时候，必定是欲有所获，可要获得什么，心中并没有明确的目标。在雪中的残破败垣中，来来回回地寻觅，既没有看到"题壁字"，也没有"拾得"心中所愿拾得的东西，这是他们这次之行的唯一失落。但同时何不又是一种收获呢？"后来幸而觅得略可解嘲的断句，所谓'卅年戎马尽秋尘'者，从此就在咱们嘴里咕噜着了。"这"咕噜"二字十分传神，我每读到这里，眼前就会出现这样的场景：灰暗而迷蒙的风雪中，两个年轻的学人，忍受着彻骨的寒冷，抖抖擞擞地哈着热气，一边左顾右盼，一边念念有词，或是在寻章摘句，或是在枯搜稍纵即逝的灵感。总之，这咕噜声是没有停息的。当然，至于雪珊题壁原诗，他是记得的："柳色随山上鬟青，白丁香折玉亭亭。天涯写遍题墙字，只怕柳莺不解听。”或许他是在“咕噜”自己的诗章：“青鬓红颜异代妆，有谁人见玉丁香。眼前秋水为平陆，何处墙阴字几行。”（《咏清光绪年雪珊题壁诗》）我更倾向于俞平伯是在为自己的诗寻章摘句。

或许是被俞平伯不停地“咕噜”所感染吧，寒风中传来琅琅读书声，“谛听，分明得很，是小孩子的。”这读书声多么地亲切啊，仿佛回到自己的童年，回到当年的教室，回到温热的火炉边。俞平伯到老都童心未泯，叶兆言在《陈旧人物·俞平伯》里，讲过一个细节：叶圣陶老先生在家里请吃饭，“来了几位老先生，都是会吟诗的，吃着喝着，便诗兴大发，抑扬顿挫朗诵起来。做小辈的轮不到上正桌，俞先生吃着吃着，突然童心大发，离桌来到我们这帮孙子辈面前，红光满面吟了一首古诗。我只记得怪腔怪调，一句也没懂。”这也是俞平伯的另一种“咕噜”。俞平伯游陶然亭时，才十几岁，本来就是个孩子，想到年幼时熟悉的读书场景，自然浮想联翩，抒发了自己的感想：“使我重温热久未曾尝的儿时的甜酒，使我俯拾眠歌声里的温馨

俞平伯与叶圣陶（左）合影。

梦痕；并可以减轻北风的尖冷，抚慰素雪的飘零。换一句干脆点的话，就是在清冷双绝的况味中，它恰好给喝了一点热热酽酽的东西，使一切已凝的，一切凝着的，一切将凝的，都软洋洋凝着腰肢不自支持了。”于是，从回廊拐过去，看到了“两明一暗的三间屋”，透过玻璃，看到了屋里的陈设，看到了桌椅条凳，看到老师的旱烟袋，还有他手里的一册《孟子》……

游览后自然是要美餐一顿。俞平伯好吃，在老一辈文人当中是出名的，叶兆言讲过一个经典的段子：在饭局上，如“遇到喜欢吃的菜，他似乎不太想到别人，一盘虾仁端上来，尝了一筷，觉得味道好，立刻端自己面前尽情享用”。就是在下放干校时，在家书中，他也要把吃当成重要的事向儿子讲述：“在彼买一熟鸡，较北京的为佳，吃面一碗，又吃面裹鱼块汤。”这是 1969 年 12 月 14 日刚下放到河南时写的，如此恶劣的生活环境里，吃，在他也必定是头等大事。在《陶然亭的雪》中，俞平伯也说到了吃，并直言不讳地说：“游览必终之以大嚼，是我们的惯例，这里边好像有鬼催着似的。”还回忆跟姐姐说过：“咱们以后不用说逛什么地方，老实说吃什么地方好了。”而陶然亭并无什么大餐，只好在江亭中，围着火炉，吃一碗素面。苏州人早餐爱吃一碗面，我是老早就知道的，在常熟兴福寺里，我也吃过苏州的面，是野山菇熬的汤，面滑，汤鲜，真好吃！俞平伯的一碗素面，味道怎样？对此他“割爱不谈”，没有描写。吃过素面后的情形呢？俞平伯开始了他散漫而细致的铺陈：

那户外的尖风呜呜的独自去响。倚着北窗，恰好鸟瞰那南郊的旷莽积雪。玻璃上偶沾了几片鹅毛碎雪，更显得它的莹明不滓。雪固白得可爱，但它干净得尤好。酿雪的云，融雪的泥，各有各的意思；但总不如一半留着的雪痕，一半飘着的雪花，上上下下，迷眩难分的尤为美满。

脚步声听不到，门帘也不动，屋里没有第三个人。我们手都插在衣袋里，悄对着那排向北的窗。窗外有几方妙绝的素雪装成的册页。累累的坟，弯弯的路，枝枝椏椏的树，高高低低的屋顶，都秃着白头，耸着白肩膀，危立在卷雪的北风之中。上边不见一只鸟儿展着翅，下边不见一条虫儿蠢然的动（或者要归功于我的近视眼），不用提路上的行人，更不用提马足车尘了。唯有背后已热的瓶笙吱吱地响，是为静之独一异品；然依昔人所谓“蝉噪林逾静”的静这种诠释，它虽努力思与岑寂绝缘终究是失败的哟。死样的寂每每促生胎动的潜能，惟万寂之中留下一分两分的喧哗，使就烬的赤灰不致以内炎而重生烟焰；故未全枯寂的外缘正能孕育着止水一泓似的心境。这也无烦高谈妙谛，只当咱们清眠不熟的时光便可以稍稍体验这番悬谈了。闲闲的意想，乍生乍灭，如行云流水一般的不关痛痒，比强制吾心，一念不着的滋味如何？这想必有人能辨别的。

每每读到这里，我都会停下来，细细品味一番，就像口里含着好茶一样，不忍咽下去。这一段绵密而细致的描写，细到近乎卖弄才学了，但确实值得长久地玩味。这也符合俞平伯散文一贯的特征：沉浸在自我里，我写我的，于淡泊间，透着禅意，更有一种“我心是佛——我心清静——依心行动——适意自然”的任意自如，点点滴滴从笔下渗出，洒脱、妙曼，又不乏苦涩，有一种淡然出世之心。

带着无法忘怀的情缘，我在 2013 年 2 月末的一个周日，来到了陶然亭。这时候，我对陶然亭已约略有所了解，知道此“亭”可追溯至元朝，名曰慈悲庵。清朝康熙三十四年（1695 年），工部侍郎江藻在慈悲庵内建亭，取唐代诗人白居易“更待菊黄家酿熟，与君一醉一陶然”诗意。我还知道这里有赛金花墓，有高君宇、石评梅互诉衷情的地方，当然，更有历代文人墨客宴游觞咏的遗迹，也曾留有俞平伯在冬雪之日的游踪。

但是，我自己都茫然了，我是来寻访俞平伯足迹的吗？他描写的陶然亭，早已面目全非。虽然，现在的雪还未化尽，不少地方的雪还堆积着，树下和草坪上，积雪还片片地晃眼，但风已经不再尖锐，陶然亭公园里，高大的绿树和低矮的乔木葱葱郁郁，水塘早已修整一新，塘里结着冰，路、桥、亭、廊等建筑都很整洁，还有留下欢声笑语的儿童乐园……不知为什么，我看了心里突然不忍，眼下的陶然亭真好，但它不是我要看的景象了。我站在门口眺望片刻，无法抑制心中的怅然，默默转身离去——我要把俞平伯描写的陶然亭，长久地保存在心里。

苏州好，水调旧家乡

俞平伯对于家乡苏州，有着特殊的情怀，这里是他的出生地，更有他童年、少年成长于斯的故园旧宅，还有他读书的中学——虽然只有几个月，但在他求学生涯中，不能不说是重要的一站。

1920 年 12 月 16 日，俞平伯从杭州出发，和舅父、夫人一起，开始六天的苏州、无锡、上海三地游。第一站自然是家乡苏州了。也可以说，苏州是这次游览的主要目的地。毕竟，俞平伯离开苏州已经五年多了，苏州的模样还清晰依旧吗？文人们喜欢把苏杭相提并论，主要是因为相似的江南风光和人文环境。对于俞平伯来说，还有另一层意义——两地都是故乡。苏州自不必说。杭州呢，曾祖父在此担任多年教习，有故宅俞楼。而曾祖父母的安葬地也在西湖边上。苏杭在俞平伯心中有着相同的位置，是完全可以理解的。早在 1918 年，俞平伯在北京大学求学时，就有四首《忆江南》，把苏杭一并包罗了：

江南好，长忆在西湖。云际遥青多拥髻，堤头腻绿每皴螺。叶艇蘸晴波。

江南好，长忆在山塘。迟日烘晴花市闹，邻滩打水女砧忙，铃塔动微阳。

江南好，长忆在吴门。门户窥人莺燕懒，日斜深巷卖饧声，吹彻杏花明。

江南好，长忆在吾乡。鱼浪乌篷春拨网，蟹田红稻夜鸣榔，人语闹宵航。

西湖、山塘、吴门，还有词中描绘的景、记叙的事，都在苏杭——俞平伯的情牵梦萦之地。几年以后，从杭州出发的这次苏州之游，可以重温诸多往事了。难道不是吗？到苏州的第二天下午，俞平伯一行就到全浙会馆，听了一出昆剧。苏州和杭州都是昆曲中心，唱曲听曲的人多，会馆、戏园常有演出，那咿呀声中，道出多少江南的清音、水乡的味道。这次听曲，给俞平伯留下了深刻的记忆，直到五十年后，他还写词怀念："苏州好，水调旧家乡。只爱清歌谐笛韵，未谙红粉递登场，爨弄兴偏长。"这首词，如果把第一句改成"江南好"，就可以和上述的四首合为一辑了——虽写作时间相隔五十多年，情感和诗意上却是相互牵连的，甚至是相互递进的。

苏州好，我是知道的。对于一个外地人，感受苏州的好，也许不像本地人那么切近。外地人更多会注重几大园林、几处名胜。我就多次去过苏州，有时还小住几天，开始也只想着寒山寺、拙政园、山塘街什么的。后来这些地方去烦了，便沿老街随意走走，发现情趣大为不同。几年前住在一家快捷酒店，常在附近闲看，发现一条不起眼的小河边上，是一条麻石铺的路，随河蜿蜒，临水的石缝里有几株杂草，偶尔有几级石阶通进河道水边。我走在路上，看着脚下的石板、石板上的纹和字，看着流动的河水，看着河边的白墙和灰黑的小瓦，感觉有一种安静、恬淡和优雅的气息。那些老式的窗棂，雕花的门楼，又有一些古老和隐秘。当门窗里透出一阵琴音或清唱时，我的心会跟着琴弦、清音怦然一动，感觉苏州的味儿有了，情也有了。今年年初，我又去了一次苏州，去拜访《苏州杂志》的陶文瑜先生。走在通往杂志社的青石弄里，脚下是细碎的小砖铺路，一束阳光斜照下来，小巷的老宅里，一丛修竹，几棵芭蕉，阵阵花香，清风从弄堂穿过，巷子拐了个弯，拐角处的一个温婉倩影，一闪不见了。我想，感受苏州的气味，走一走是必不可少的。如果能像俞平伯那样，再听一场昆曲，或在老式的茶馆里听一曲弹词开篇，必定会有不同的感受。

对全浙会馆的这次听曲，俞平伯五十年后还用一首《望江南》记载，可见其印象之深了，“只爱清歌谐笛韵”，俞平伯一生爱曲，可以说这与少年的薰陶不无关系。莫非这次苏州之行，听曲也是计划中的一部分？而我相信，第二天重游平江中学旧址，肯定是有所计划的。俞平伯在投考北大之前，曾在这所新式学校里突击上了半年课，时间是 1915 年春到这年的高考。在这之前，俞平伯的读书生活，全部是家教或家塾，对于饱学一肚子旧学问的俞平伯来说，平江半年，是他人生的一大转折。新式的教育，不仅让他开了眼界，同时也对即将面临的考试有莫大的帮助。俞平伯能顺利考入北大，这半年的平江学习生活，特别关键。

俞平伯北大毕业后，经历了短暂的留学，然后回杭州住了半年多。这半年里，俞平伯生活非常充实，四月畅游了山阴道上，八月又去南京游览了莫愁湖、秦淮河。从九月开始，蒋梦麟推荐他进入浙江一师教书，在此他结识了好朋友朱自清，创作了大量的新诗。他还去海宁看潮，去上海访陈独秀，和周作人通信，游杭州皋亭山，还写了好几篇关于诗歌的论文，如《做诗的一点经验》《从经验上所得做“诗”的一点教训》《诗的自由和普遍》等。但苏州，毕竟是他的出生地，有他的

苏州城内的玄妙观，是座典型江南道观建筑，其中三清殿是中国现有最大的木结构殿堂，在中国建筑史上有重要地位。

苏州城内开元寺无梁殿。其建于1618年，不用木材，用磨砖嵌缝建筑，不怕火烧，专门供奉皇上颁赐的大藏经。

曲园祖宅，有小时候无数次进出的马科医巷，他内心里还是想要回来看看的，并不是要装点衣锦还乡的荣耀，而是人人都有的少年情结。那么，平江中学，也就不能不去了。

蒋梦麟（1886－1964），原名梦熊，字兆贤，别号孟邻。浙江余姚人。教育家。曾任国民政府教育部部长，国立北京大学校长。

12月18日，俞平伯专门绕道，去干将坊巷让王庙旧址，这就是母校平江中学了。只是此时这里已经颓废得不像样子了。站立于旧址前的俞平伯，忆及几年前的聚读时光，感怀是如何地深，心情是如何地不平静，想必外人无以知晓吧。但，这样深切的感受，至少一直萦绕于这次旅行是应有的。否则，何以一回到杭州，就写下新诗《如醉梦的踯躅》呢。而诗前一段小序，读来更让人嘘唏：

一九一五年之春，予在苏州平江中学校读书半年，后即北去。校旋亦闭歇，旧时朋侣星散。予亦东西奔走无所成就。一九二〇年十二月自杭而苏，特迂道过干将坊巷让王庙校址，屋宇荒寂殆将倾圮。惟儿时聚读光景，忽忽五六年矣，久已淡如烟雾；一旦旧地重来顿堪仿佛。寻迹堂庑间，低回不能遽去；奈守庙童子不解人意，屡相催追以目，遂怅然而去。归途夕阳在树，曲陌新晴，卖糖声，挑担声，驴步得得，驴铃郎当声，耳目所接皆如旧相识。踯躅街头，如醉如梦。旧感丛绕，明知其无当；惟不堪排宕，返杭后姑以诗写之；诗既成，姑序。序之工拙与成诗与否，均不及计矣。

一九二〇，十二，二十七，在杭州记。

从小序中可以看出俞平伯的心情是多么地怅惘，校址已毁，庙童也不解人意，连睹物感怀都不能充分，怎叫人不心生愁结？只街市依旧，却也“不堪排宕”了。

干将坊巷是旧时苏州一条普通的小巷。据《姑苏志》称：“因干将墓对峙而名。”又据《吴郡志》载：“吴王使干将铸剑于此，故曰将门。今谓之匠，音之讹。”据上海、苏州等地的民间传说，吴越时，干将是铸剑名手，与欧冶子齐名。干将铸剑，“采五山之铁精，六合之金英，候天伺地，阴阳同光，而金铁之精还不见销融”。其妻莫邪说，“神物之化，须人而成”，铸剑不成，是否也要得人而后才成。于是莫邪投身炉中，结果铸成雌雄两把名剑，阳曰干将，阴曰莫邪。这个传说，苏州人记忆最为深刻，某园的试剑石，所用宝剑就是干将的剑。干将坊巷在苏州存在很久，和如今的干将路不是一回事。据苏州朋友相告，昔日从人民路到言桥这一截，就是干将坊巷。二十世纪六十年代初，干将坊巷还有，从养育巷太平桥堍往相门一带，要走过干将坊，那时候高高的石牌坊立在巷口。七十年代深挖洞广积粮时，沿干将坊巷的小河也被填埋改成防空洞了，幸而现在河道已恢复。据说，干将坊巷口的石牌坊，直到1982年，才被毁掉。苏州好东西太多了，毁掉一个古牌坊也许并不让人心疼，毁掉一条小巷一条小河也无所谓，但毁掉一代人的记忆和情结却是任何东西也无法弥补的。如果俞平伯地下有知，再来苏州怀旧，怕是连马医科巷的故宅也认不得了。

《如醉梦的踯躅》这首诗，收在俞平伯的诗集《冬夜》里。这首诗所传递的信息，小序里已经说得非常明白了。但等把全诗读完，我还是随着俞平伯如醉梦般地踯躅了：

匾是竖着；庙门是开着；
要枯而不愿意枯的树，
还是三株四株这样立着；

尘封了的大殿照旧肮脏着；
什么都是一样！
早跑了五六年底时光，
什么都是一样吗？

俞平伯的无奈一问，没有得到回答。他也不需要回答，答案已经清清楚楚呈现在他眼里了。最后，诗人只能说："历来人事所暗示的，只是添些无聊赖的感慨。暂时撇去，也暂时温暖起'儿时'的滋味，依稀酒样的酽，睡样的甜。"看来，童年记忆的力量，真能消除人生很多无奈的。

事实真是这样吗？到了来年的 1 月 12 日，俞平伯还时时记起半个多月前游览的所见所闻，又写了一首《哭声》。苏州，俞平伯来过了，留下了什么样的记忆呢？"一别六年的地方，六年后来了的我，顿从可

俞平伯的第一部新诗集《冬夜》。

厌中变现可怕的光景来，从可怕里又翻涌出一种摇动的悲哀。这叫我永不忘记！”

这两首诗都比较长，而且一气呵成，情感饱满真挚，读来让人动容。

心有不甘的俞平伯，于1921年9月14日，和夫人一起，再次从杭州来到苏州。俞平伯这回学乖了，他和夫人乘船去了寒山寺。对于这次寒山寺的游览，不知为什么，俞平伯心情也并不愉快，回杭后，于30日创作一首《凄然》：

哪里有寒山！
哪里有拾得！
哪里去追寻诗人们底魂魄！
只凭着七七八八，廓廓落落
将倒未倒的破屋，
黏住失意的游踪，
三两番的低回踯躅。

明艳的凤仙花，
喜欢开到荒凉的野寺；
那带路的姑娘，
又想染红她底指甲，
向花丛去掐了一握。
他俩只随随便便的，
似乎就此可以过去了；
但这如何能，在不可聊赖的情怀？

有剥落披离的粉墙。
攲斜宛转的游廊，
蹭蹬的陂陀路，
有风尘色的游人一双。
萧萧条条的树梢头，
迎那西风碎响。
他们可也有悲摇落的心肠？

镗然起了，
嗡然远了，
渐殷然散了；
枫桥镇上底人，
寒山寺里底僧，
九月秋风下痴着的我们，
都跟了沉凝的声音依依荡颤。
是寒山寺底钟么？
是旧时寒山寺底钟声么？

每每读这首诗，就会想起我的寒山寺之游。我到了寒山寺时，心情也不爽，说不出的理由，也许那首唐诗太有名了吧，去时，诗中的情调，不由得会涌上心头。那么俞平伯的游览，给他的感觉是什么呢？莫非正如标题所说，也是凄然的？诗前有一小序，照录如次，来佐证我的推测："今年 9 月 14 日我同长环到苏州，买舟去游寒山寺，虽时值秋半，而因江南阴雨兼旬，故秋意已颇深矣。且是日雨意未消，游者阒然；瞻眺之余，顿感寥廓！人在废殿颓垣间，得闻清钟，尤动凄怆怀恋之思，低回不能自已。夫寒山一荒寺耳，而摇荡性灵至于如此，岂非情

俞樾书寒山寺碑

缘境生，而境随情感耶？此诗之成，殆由文人结习使之然。”已经说得极为明白了。这次寒山寺之游，他是否专程一见曾祖父重写的诗碑呢？“月落乌啼霜满天，江枫渔火对愁眠。姑苏城外寒山寺，夜半钟声到客船。”诗在，碑在，人已不在。张继的诗不朽，书碑的曾祖父也不朽，但是来客的心情却是悲泣的。不问是不是和俞平伯有着同样的情怀，就是和诗碑毫无瓜葛的我，一到寒山寺，心情也同样地落进了《枫桥夜泊》所营造的氛围里。

与《凄然》相呼应的，是他在同一时期发表的随笔《生活的疑问》。俞平伯认为，我们“要快快活活地活着，但更要依着值得活的去活着。换句话说，我们真需要的是有价值的生命”和“真正的快乐”。他认为，有价值的生活，需要具备三个要素，即纯洁的心性、调和的生活和扩大同情心。所以，当他看到现实的生活不如他想象的那般时，一首《凄然》

并序，也就自然而然了。

然而，在不到两个月的1921年11月9日至11日，他又一次去了苏州，这一次是在美丽的虞山下，尚湖边，而且一游又是三天。这一次的俞平伯，和前几次的心情大为不一样，荡舟尚湖，并非惬意和放松，而是带着某种心情吧，否则，怎么会在常熟旅馆中，想起在杭州看到有人用粉笔抄写在墙上的歌谣？歌谣确实很有趣，只有四句："高山有好水，平地有好花；家家有好女，无钱没想她。"歌谣给俞平伯某种启发和暗示，他反复咀嚼时，想起了什么？难道在尚湖有什么隐情？冒冒失失地来常熟尚湖，莫名其妙想起了"家家有好女"的歌谣，不免让人浮想联翩了。经过咀嚼和消化，俞平伯灵感来了，一口气把歌谣译成了白话诗。译好后，照例又写了小序，对歌谣作了解读。序中还自谦地说，新译的"词句虽多至数倍，而温厚蕴藉之处恐不及原作十分之一"。第二天，俞平伯作了尚湖之游，他租船泛舟在尚湖湾畔，湖面开阔，十里青山半入城，万亩碧波涌西门。生于苏州的俞平伯，对尚湖并不陌生，

常熟尚湖风景区

他知道黄公望、沈周、唐寅、康有为等历代文人均有题咏，也知道虞山西麓拂水岩下的拂水山庄，这是钱牧斋早年的读书处，也是柳如是生活了几十年的地方。俞平伯一边荡舟，一边欣赏浩渺的湖水和背后的青山，引发了诗兴，但他并没有被湖光山色所蒙蔽（或者他心底里寻找的，并不是湖光山色），在船上写了一首极具现代意义的爱情诗《不解与错误》。诗人借开在空山里的红月季，抒写爱情的自私和无常。记得年轻时我读这首诗，被深深地感动着，也深深地惋惜着，觉得俞平伯美满的婚姻中，也有遗憾。

当然，著名的，还是他填词的《霜花腴·尚湖泛舟》了：

稻塍径窄，耐浅寒，低鬟屡整罗裳。风懒波沉，橹稀人淡，深秋共倚斜阳。暮山静妆，对镜奁、还晕丹黄。溯来时、翠柏阴多，故家乔木感凄凉。

谁醒泛秋轻梦，近荒城一角，夜色茫茫。邀醉清灯，留英残菊，连宵倦客幽窗。旧游可伤，纵再来、休管沧桑；更西湖、倩影兰桡，哪堪思故乡。

从词中，略已知道，俞平伯也不是第一次来尚湖了，那大约还是年幼时候吧。这次泛舟，给他留下的记忆还是伤感的主调，发出“旧游可伤”“哪堪思故乡”的感慨。

尚湖我去过两次，都未及划船，每次只在北岸喝茶。在茶聚时，我想象着九十多年前的湖面上，一叶小舟轻巧漂移，诗文两绝的俞平伯，只二十岁出头，多么地意气风发！他看满眼湖光山色，难道仅仅是为抒发一点个人的私情？这个月的 11 日，俞平伯又赶往苏州。在苏州，做何游览，见了谁，都无从查考了，但他在苏州所作的新诗名篇《愿您》，却是很多人知道的。一来，是这首诗被朱自清选入了《中国新文学大系·诗葛丽萍抄录俞平伯诗《尚湖泛舟》。

集》；二来，这首爱情诗里的“您”指向谁。俞平伯诗中写道：

愿你不再爱我，
愿你学着自爱罢，
自爱方是爱我了，
自爱更胜于爱我了！
我愿意去躲着你，
碎了我底心，
但却不愿意你心为我碎啊！

好不宽恕的我，
你能宽恕我吗？
我可以请求你的宽恕吗？
你心里如有我，
你心里如有我心里的你；
不应把我怎样待你的心待我，
应把我愿意你怎样待我的心待我。

苏州对于俞平伯来说，是水调旧家乡，难道也有遗落的爱情？周

1921年12月，俞平伯（后右）赴美国之前与朱自清（前右）、叶圣陶（后左）等合影。

作人写过一篇《初恋》，对那个曾经暗恋过的杨家三姑娘，有过细微的心理变化。俞平伯也有过这样的初恋吗？这首诗，通过主人公告白的形式，表现自己对恋人的心意，完全袒露了自己的心声。这样的爱情，是双方都把握不了的。不知什么原因，“我”不得不与女友分手？但两人的情感，依然藕断丝连，虽嘴上说，愿你不再爱我，其实是多么地希望对方还在爱他啊。而且，这样的感情一咏三叹，不断重复，就是“我”希望“你”爱“我”，而不是不爱“我”。联想到前一天，他在尚湖舟中写的《不解与错误》，俞平伯对失去的曾经的爱，多么地刻骨铭心啊。诗中有这样两节：

她或恨我底自私，
我也怨她底负心。
她已误，我已错。

错是错了，
不解只是不解了！

俞平伯写过爱情诗，把两首诗对照着读，如此地直白、坦率，还是让人感怀不已。这样，我们就联想到，为什么俞平伯匆匆一到常熟，在旅馆中，会想到在杭州看到的童谣了，“家家有好女”只不过是引子，记忆起自己心中的“好女”，所以才有心情把这四句童谣改写成长长的一首诗。

从 1920 年 12 月 16 日到 1921 年 11 月 9 日，不到一年的时间里，俞平伯三次去苏州，每次都有新诗创作，粗略统计，共有新诗六首，还有古诗词若干。这些新诗都收在他重要的一本诗集《冬夜》里。特别是 1921 年 11 月 9 日的常熟、苏州之游，他已经于 10 月辞去浙江一师的教职，准备赴美考察，却抽时间回苏州，可见他心中是何等地挂念。俞平伯对于苏州的情怀，在他的许多诗章中都有流露，最让人感怀的，是他在《小诗两首》的《客》里所说："我北归，我又要南归，归来底中间，把故乡掉了！"这首诗写于1921年12月5日，发表在《晨报副刊》上。故乡的情怀，在每个人的心中都有很深的暗藏，我不知道俞平伯频繁地来往于苏杭，也是在寻找他的故乡吗？俞平伯这段时间思想的状态，在他的诗集《冬夜》里有所表露：

《冬夜》出版了。三年来的诗，除掉几首被删以外，大致都汇在这本小书里。

我所以要印行这本诗集：一则因为诗坛空气太岑寂了，想借《冬夜》在实际上做"秋蝉底辩解"；（这是我答周作人先生的一篇小文，去年在北京《晨报》上登载。）二则愿意把我三年来在诗田里的收获，公开于民众之前。至于收获的是稻和麦，或者只是些野草，我却不便问了，只敬盼着读者底严正评判罢。

如果是个小小的成功，我不消说是喜悦的；即使是失败，也可以在消极方面留下一些暗示。只要《冬夜》在世间，不引着人们向着老衰的途路，就可以慰安我的心。至于成功与否，成功到了什么程度，这些却非我所介意的事。

关于诗底我见，不便在这篇小序里赘说；现在只把我所经验到的，且真切相信的略叙一点，作为本集底引论。我怀抱着两个做诗的信念：一个是自由、一个是真实。做诗原是件具体的事情，很难用什么抽象概念来说明它。但若不如此，又很不容易有概括的说明，只要不十分拘执着，我想也或无碍的。

我不愿顾念一切做诗底律令，我不愿受一切主义底拘牵，我不愿去摹仿模范，或者有意去创造哪一诗派。我只愿随随便便的，活活泼泼的，借当代的语言，去表现出自我，在人类中间的我，为爱而活着的我。至于表现出的，是有韵的或无韵的诗，是因袭的或创造的诗，即至于是诗不是诗，这都和我底本意无关，我以为如要顾念到这些问题，就可根本上无意于做诗，且亦无所谓诗了。即使社会上公认是不朽的诗；但依我底愚见，或者竟是谬见，总是“可怜无补费精神”的事情。我们不妨先问一下：“人为什么要做诗？”

真实和自由这两个信念，是连带而生的。因为真实便不能不自由了，唯其自由才能够有真正的真实。我宁说些老实话，不论是诗与否，而不愿做虚伪的诗；一个只占有诗底形貌，一个却占有了内心啊。什么是诗？本不易有满意的回答。若说非谨守老师、太老师底格律，非装点出夸张炫耀的空气，便不算是诗；那么，我严正声明我做的不是诗，我们做的不是诗，并且愿意将来的人们，都不会，亦不屑去做诗。

诗是为诗而存在的，艺术是为艺术而存在的；这话我一向怀疑。我们不去讨论、解决怎样做人的问题，反而晓晓争辩怎样做诗的问题，真是再傻不过的事。因为如真要彻底解决怎样做诗，我们就先得明白怎样做人。诗以人生底圆满而始圆满，诗以人生底缺陷而终于缺陷。人生譬之是波浪，诗便是那船儿。诗底心正是人底心，诗底声音正是人底声音。“不失其赤子之心”的人，才是真正的诗人，不死不朽的诗人。即使他没有诗篇留着，或者竟没有做诗，依然是个无名的诗人：因为他占领了诗人底心。我反对诗人底僭号，什么人间底天使，先知先觉者……我只承认他是小孩子的成人。在《冬夜》所有的诗，说起来是很惭愧啊。第一辑里的，大都是些幼稚的作品，本没有留稿的价值；只因可以存我最初学做诗底真相，所以姑存而不删。第二辑里的，作风似太繁琐而枯燥了，且不免有些晦涩之处。这一辑里长诗最多。三四两辑都是去年做的。三辑底前半尚存二辑底作风；后半似乎稍变化一点，像《凄然》《小劫》等篇，都和二辑所有的不同。四辑从《打铁》起，这正当我做

《诗底进化的还原论》这个时候，所以有几首诗，如《打铁》《挽歌》《一勺水啊》《最后的洪炉》，稍有平民的风格，但是亦不能纯粹如此，这是我最遗憾的！

我虽主张努力创造民众化的诗（见《诗》第一期），在实际上做诗，还不免沾染贵族的习气；这使我惭愧而不安的。只有一个牵强辩解，或者可以如此说的，就是正因为我太忠实守着自由和真实这两个信念。所以在《冬夜》里，这一首和那一首，所表现的心灵，不免常有矛盾的地方；但我却把它们一齐收了进去。自我不是整个儿的，也不是绝对调和的。有多方面的我，就得有多方面的诗，这是平常而正当的。“在不相识不相仿的路上，自然涌现出香色遍满的花儿底部！”

小小的集子，装满了平庸芜杂的作品，将占据了读者们底可贵的光阴，真是我底罪过了！但我以为我底尝试底失败，在于我根性上底无力，而不专在于诗底不佳。我始终以为这种做诗底态度极为正当。我总想很自由的，把真的我在作品中间充分表现出来。虽说未能如意，但心总常向着这条路上去。这或者可以请求读者们底宽恕，减少我冒昧出版《冬夜》底罪过了。

在付印以前，承他底敦促；在付印之中，帮了我许多的忙，且为《冬夜》做了一篇序。这使我借现在这个机会，谨致最诚挚的感谢于朱佩弦先生。我又承蒙长环君为我抄集原稿至于两次，这也是我应该致谢的。

一九二二年一月二十五日于杭州城头巷

我这样整篇地引用，实在是觉得这篇序言太好了，由诗，谈到真实和自由两个信念，又由诗谈及做人，并说，“诗底心正是人底心，诗底声音正是人底声音”。可以说，这篇序言的观点，是俞平伯大学毕业后，短短两年时间里，所悟出的真实感受。那么他不断往返苏州的游踪，是否是在寻找一种寄托呢？每次游历，都有新旧诗的创作，而且有的还是他的重要作品，可见他是在用践行来发出诗的声音的。诗学，一度在俞平伯的思想中占有相当重要的位置。随着俞平伯 1922 年 4 月中旬去拜访顾颉刚，谈关于研究《红楼梦》并通信始，俞平伯的这一思想才告一段落。

山阴五日记游

不论你是不是书法家，一提起兰亭，必定会想起王羲之，想起他的《兰亭序》，想起兰亭雅集的传世佳话。不管你去没去过山阴，一提起“山阴道上”，必定想起魏晋风流，想起数千年曾游走于山道上的历代文人骚客。

1920 年 4 月 30 日至 5 月 4 日，草长莺飞的美丽江南，风光如画的山阴道上，曲水流觞的圣地兰亭，号称“天下第一水石盆景”的东湖，迎来俞平伯一家老少数人，他们是：俞平伯的父母双亲、夫人许宝驯、舅父、姨母等六人的小型旅游团队。这一次快乐的举家春游，还得从俞平伯欧游归来说起。

这年的 4 月 19 日，在海上漂泊一个多月的俞平伯，从欧洲回到上海。俞平伯在上海只停留一宿，第二天上午到中华书局买了几本《新青年》《新潮》等杂志后，便于下午匆匆赶回杭州岳父的家里。俞平伯父母接到俞平伯回国的信后，提前携全家来到杭州，等候俞平伯的远行归来。不消说一家团圆的喜悦之情，也不消说俞平伯小夫妻相见后有多少知心话说——其实在海上，已经有多封书信和诗词寄给许夫人了。对于这次留学，家里人开始十分看重，也寄予希望。现在，当俞平伯决意回来，结束短暂的留学生涯，家人当然也不会太过失望，毕竟一大家人团圆在一起，也是人生一大快乐。俞平伯对于放弃留学，倒是看得很淡。即便是多年后的1963年，俞平伯在整理《国外日记》时，还半是调侃半是自嘲地写道：1920年，“余方弱冠，初作欧游，往返程途六万许里，阅时则三月有半，而小住英伦只十二三日，在当时留学界中，传为笑谈。岂所谓‘十九年矣尚有童心’者欤，抑亦所谓‘乘兴而来，兴尽而返’者耶。”俞平伯的这段话，被多次引用，比如孙玉蓉编纂的《俞平伯年谱》、王湜华创作的《红学才子俞平伯》等。而对于回到杭州的这段生活，则写得较少。但是，从俞平伯创作的诗词《侍游兰亭》《题在绍兴柯岩照的相片》《忆游杂诗·山阴三日篇》和散文《山阴五日记游》等篇章中，还是可以大致梳理出他率全家春游的过程的。为方便阅读和理解，全文引用俞平伯这篇《山阴五日记游》：

九年四月三十日，晨九时，舆出杭州候潮门。轮渡钱塘江，潮落沙夷，浪重山远。渡江后弥望平衍，约十里许至西兴，巷陌湫隘不堪并舆。桥下登舟，凡三舱，乌篷画楫，有玻璃窗。十时行，并橹连樯，穿市屋树阴而去。小眠未成寐。正午穿萧山城过，河面甚狭。泊舟威文殿下，庙祀文昌关帝。饭罢即行，途中嘉荫曲港往往见之。塍陌间见一树。年久干枯，绕以翠萝，下垂如云发。八时泊柯桥，绍兴名镇。晚饭后复行。夜半泊柯岩下。

五月一日晨七时，步至柯岩。有庙，殿后有潭，石壁外覆，色纹黑白，斧凿痕宛然。有一高阁，拾级登之。殿傍又一潭，小石桥跨其上，壁间雕观音像。岩左一庙，大殿中石佛高三四丈，金饰庄严。审视，殿倚石为壁，就之凿像。庙后奇峰一朵，镌“云骨”两棣字，四面珑玲，上丰下削，峰尖有断纹，树枝出其罅，谛视欣赏不已。稍偏一潭，拔草临之，深窈澄澈，投以石块，悠悠旋转而下。

十时返棹，移泊雷宫，道中山川佳秀，左右挹盼。午后二时，以小竹兜游兰亭，约行七八里，沿路紫花繁开，而冈峦竹树杂呈翠绿。四山环合，清溪萦回。度一板桥，则兰亭在望矣。亭建于清乾隆时，新得修葺，粉垣漆楹，有兰亭流觞亭竹里行厨鹅池等，皆后人依傚，遗址盖久湮为田垅。然以今所见，雷宫兰亭之间，所谓“崇山峻岭，茂林修竹，清流激湍”，则风物故依然也。流觞亭旁有右军祠。张筵小饮，清旷甚适。归途夕阳在山，得七律一首：

缕缕霞姿间黛痕，青青向晚愈分明。
野花细作便娟色，清濑终流激荡声。
满眼千山春物老，举头三月客心惊。
苍峦翠径微阳侧，凭我低徊缓缓行。

舟移十里，夜泊偏门。村人方祭赛演剧，云系包爷爷生日，四乡皆来会。其剧跳荡嗷嘈，而延颈企足者甚夥。傍舟观之，盖别有致。枕上闻雨声，入睡甚早。

二日清晨登岸，不数武抵快阁。乃一小楼，栏杆蔚蓝，额曰“快阁”。屋主姚氏，就遗址缔构。通谒而入，阍者导游。先登小楼，供放翁像，联额满壁。屋主富藏书，殆佳士。有园圃三处，虽不广。而池石花木颇有曲折。白藤数架，微雨润之，朗朗如玉璎珞。亭畔更有紫藤，相映弄姿。挪舟会稽山下，谒大禹庙，垂旒搢笏，容像壮肃。殿上蝙蝠殆千万，栖息梁栋间，积粪遍地。据云，蝠有大如车轮者。殿侧高处有窆石亭。石高五尺如笋尖，中有断纹，上有空穴。志载石上有东汉顺帝时刻文，已漫漶不可辨。宋刻文尚可读。石旁有两碑，一曰“禹穴”，一曰“石纽”，篆势飞动。出庙门，访岣嵝碑，系乾隆时摹刻。又谒禹陵，墓而不坟，仅一碑亭楷书曰“大禹陵”。后出林木苍蔚。

午食时天气炎热，移泊大树下。饭后以山兜入山，三里至南镇，庙宇新整，神像威武，茶罢即行。七里至香炉峰绝顶，山径盘旋直上，侧首下望，山河襟带，城镇星罗。秦望天柱诸山，宛如列黛。野花弥漫郊垧，如碎紫锦。中途稍憩小庙。又逾岭岗数重，始见香炉峰。峰形峭削，山径窄而陡，旁设木栏以卫行客。有石梁跨两崖间，逾之不数武，路忽转，两圆石对峙，舆行其间，乘者须敛足曲肱而过。绝顶仅一小庙，绝湫隘，闻值香汛，香客来者以千数。峰顶尖小，故除庙外无立足地，仅可从窗棂间下窥，绍兴城郭庐舍楚楚可辨，钱江一线远亘云表，群峰多如培塿，惟秦望独尊。天色欲雨，舆人催客，匆促下山。至南镇，见疏雨张盖。

返舟，移舟十里，见绕门山石壁。过桥，桥有闸，泊舟东湖，为陶氏私业。潭水深明浓碧。石壁则黑白绀紫，如屏如墙，有千岩万壑气象，高松生其颠，杂树出其罅。山下回廊闲馆，点缀不俗。绣球皎白，蔷薇娇红，与碧波互映。风尘俗士，乍睹名山，似置身蓬阆中矣？细雨飘洒，石肤弥润。雨乍止，挈舟行峭壁下。洞名仙桃，舟行其中，石骨棱厉，高耸逼侧，幽清深窈，不类人间。湖中大鱼潜伏，云有长逾丈者，天气郁蒸方出，虽未得观；而尺许银鳞荡跃水面，光如曳练，是日数见之。晚饭后易乌篷小艇而出，篷可推开，泛月良宜，并放棹外河，约半里许方归。是夕宿东湖舟中。

三日晨五时，船开，舟人喧笑惊梦。七时起看山，晓雾未收，初阳射之，与黛色银容相映，蔚为异彩。遂泊舟攒宫，此名殆自宋已然，相沿未改。以山兜子行，道中密箐乔松，苍翠一色中，晓日侵肤都无炎气。挑柴者络绎于道。继而畦亩间黄绿杂呈，牛郎花遍山，数里不断。

映山红犹未尽凋，错杂炫目。谒南陵（宋孝宗）北陵（宋理宗），树木殿宇尚修整。又访度宗陵，仅存碑碣而已。归途经郭太尉殿，乃护陵之神，不知何许人也，殆南宋遗臣耶？殿中比附灵迹，如送子降妖等，甚夥。

归后船即行，移泊吼山下，一名狗山，拾级而登。一庙正当石峰下。峰之怪诡不可状，逼视而怪愈甚。左峰笔立，上置石圆锥形。右者尤奇，峰顶两石如倚，中有罅，罅有殿宇在。闻昔有僧居之，以縋汲通饮食，坐关行满而后下。复至庙后仰观，见峰巅庙榜曰“灵霄”，峰势欹侧如欲下压。凝盼移时，神思悚荡。

午食于沈氏庄，临水石荡，荡为其私业，蓄鱼甚多。饭后以小艇遍游之。岩壁高耸，萝薜低垂。有青狮白象之目，狮肖其首，象状其鼻。幽峭微减东湖，而弘深过之。安巢舅氏即在象鼻峰下题名，词曰：庚申三月长沙张显烈约游吼山，风日晴美，山川奇丽，谈宴尽欢，醉后题记。同游者德清俞陛云铭衡，钱唐许端之之引之贤之仙宝驯。钱唐许引之题记。

五时后舟歇绕门下，换舟而游。山正在开凿，皑皑似雪。一潭正方而小，其深骇人，下望懔然。投以巨石，半晌始开声轰然。又燃爆竹，回响如巨雷，亦一奇也。仍返泊东湖，晚饭后月色明洁，荡小舟至西面石壁下，形似小姑山，尖削如笋。泛月直至西郭门外。小步岸上，见铸锅者，熔铁入范时，银彩四流，伫观移时，始返舟睡。

四日早六时，附轮开船。下午二时到西兴，二时半渡江，至长桥，晚潮方至，厉涉而过。三时半返严衙弄许宅。综计是游，东湖最惬心，以为兼擅幽奇丽之妙，吼山奇伟，柯岩幽秀，炉峰俏丽，各擅胜场。爰略记梗概，以为他日重来之券。

一九二八年二月改定

山阴，就是现在的绍兴。

俞平伯的这篇文章，从文后落款日期推想，应该写于游历途中或结束之后不久。那么为什么要到 1928 年才“改定”呢？这应该和出版《杂拌儿》有关。年初，俞平伯开始紧锣密鼓地整理散文集《杂拌儿》，准备在上海开明书店出版，并写好了自序。在 2 月 8 日请周作人代为作序的信里，他略带急切的口气说：“迟至本月底必将全稿寄出。”在整理文稿中，才改定了这篇日记性质的记游文字，并作为《杂拌儿》的一篇。这样的推断应该没错。

整篇游记采用半文半白的文体，而文言的成分又多些，吸收了散赋的风格，甚至有诗词的韵律，句短词丽，显得跌宕活泼，见地独到，字字珠玑。文中详细记述了五天时间里，从出门开始，游历了整条“山阴道上”四个地方的景点，有柯岩、东湖、吼山、炉峰、快阁、兰亭、禹庙和攒宫等十余处，凡是当时名声在外的山阴名胜，他都走到了，看到了。这些名胜，在俞平伯眼里，都是美景丽色，都能使其联想到和这些名胜相关的文人雅事。俞平伯沉湎其间，用他细致的文笔，把这些美景描摹了出来，或赋以诗词，所以，我们才得以了解九十多年前的山阴道上的独特风貌，并随着俞平伯身临其境走进“道上”，和古人一样徜徉其中。

那么，俞平伯刚从欧洲远游归来，在工作无定的情况下，为什么要作山阴之游呢？作为地地道道的当地人，鲁迅在《好的故事》里，曾这样描写山阴道上的风光：“我仿佛记得曾坐小船经过山阴道，两岸边的乌桕，新禾，野花，鸡，狗，丛树和枯树，茅屋，塔，伽蓝，农夫和村妇，村女，晒着的衣裳，和尚，蓑笠，天，云，竹……都倒影在澄碧的小河中，随着每一打桨，各各夹带了闪烁的日光，并水里的萍藻游鱼，一同荡漾。诸影诸物，无不解散，而且摇动，扩大，互相融和；刚一融和，却又退缩，复近于原形。边缘都参差如夏云头，镶着日光，发出水

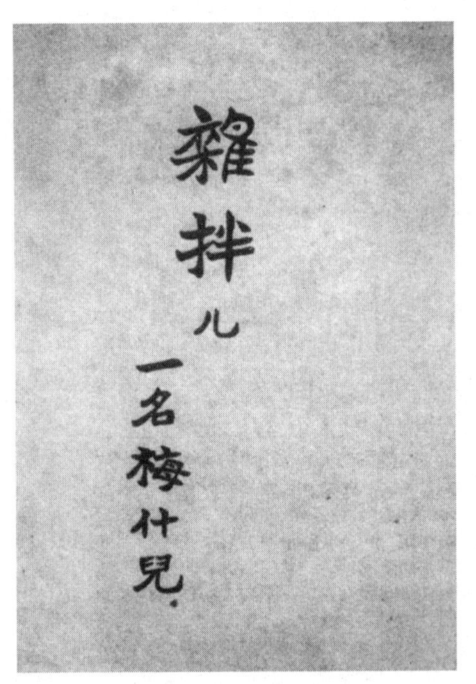

俞平伯的作品《杂拌儿》一书书影，《桨声灯影里的秦淮河》收入此书中。

银色焰。凡是我所经过的河，都是如此。”鲁迅描写的只是一次乘船时的所见所闻，并没有把山阴道上的历史人文说明白。鲁迅不是不知道这条山阴道在中国士大夫阶层的地位，他是更沉浸在自我中。俞平伯则不然，他也“自我”，但不是独享，而是用手中的笔来描写，也比鲁迅的描写要高古得多。

早在晋代，大画家顾恺之自越返归，有人问他，会稽风光如何？顾恺之不假思索地说：“千岩竞秀，万壑争流，草木蒙茸其上，若云兴霞蔚。”顾氏的这段描述，成为会稽山水的经典画面。就连大诗人李太白都忍不住化用了顾氏美句：“万壑与千岩，峥嵘镜湖里。”

而更为著名的，是永和九年农历三月三日上巳节时那次流传千古的聚会，王羲之与谢安等四十二位名流高士，列坐水边，畅叙幽情，游目骋怀。四周天朗气清，惠风和畅。崇山峻岭，茂林修竹，清流激湍，映带左右。盛酒的羽觞从曲水顺流而下，流到谁的面前，谁就得即席赋诗，不然罚酒三杯。罚酒的人吃亏了，非但没有留下诗，连名都没有留下，《兰亭集》里所收的三十七首诗，也已无人记得，而王羲之当场挥毫作的序，却成为传世之宝。他们的风流陈迹，还是感召后人络绎不绝前来寻访。唐朝大诗人贺知章，辞官归里，舍宅为观，取名为千秋观，把若大的镜湖当成放生池。他与李太白长安一别时，太白有诗相

东晋王羲之《兰亭序》（局部）

赠："镜湖流水漾清波，狂客归舟逸兴多。山阴道士如相见，应写黄庭换白鹅。"羡慕之情溢于言表。贺知章本人的《采莲曲》，描写得更是直接："稽山云雾郁嵯峨，镜水无风也自波。莫言春度芳菲尽，别有中流采芰荷。"杜甫也不例外，有诗曰："越女天下白，鉴湖五月凉。剡溪蕴秀异，欲罢不能忘。"孟浩然《渡浙江问舟中人》："潮落江平未有风，扁舟共济与君同。时时引领望天末，何处青山是越中？"另外还有张籍的《送越客》，白居易的《酬微之夸镜湖》，张乔的《越中赠别》，徐夤的《山阴故事》等等，翻翻全唐诗，不知有多首诗歌都有所涉及，真可以用"唐诗之路"来形容山阴道上。宋代大诗人陆游，就更不用说了，他大半生都生活在鉴湖边上，他描写山阴道上、鉴湖风光的诗，不计其数："山重水复疑无路，柳暗花明又一村。""秋浅叶未丹，日落山更青。""露拆渚莲红渐闹，雨催陂稻绿初齐。""新月纤纤淡欲无，时闻鱼跃隔菰蒲。""红蕖绿芰梅山下，白塔朱楼禹庙边。"……到了明代，徐渭坐在跨湖桥上，浩叹岩壑迎人，到此已无尘市之想。袁宏道还将西湖与鉴湖做了一番比较："钱塘艳若花，山阴芊如草。六朝以上人，不闻西湖好。平生王献之，酷爱山阴道。彼此俱清奇，数它得名早。"张岱也说："自马臻开鉴湖，而由汉及唐，得名最早；后至北宋，西湖起而夺之，人皆奔走西湖，而鉴湖之澹远，自不及西湖之冶艳矣。”

有了上述这些文豪大师的游迹和吟诵，俞平伯能不心向往之吗？而此时，父母、岳丈又都在身边，加之他们也都是饱学之士，自然要在与“永和九年”的同一时日，举家作山阴之游了。作为文人，作为有着中国传统文人情怀的俞平伯，在他人生的履历上，是不能少这一笔的，当然也不能没有诗文记述。否则，这将是人生一大缺憾。

2013 年五一期间，我到杭州，想沿着俞平伯的游历路线走一趟绍兴，也坐船，取道钱塘江，经萧山，达绍兴。经过了解，根本没有这条线路。那么退而求其次，按照俞平伯游览的顺序，各个景点走马观花如何？朋友摇头，表示已经没有那样的水道了，有些河流早就被填埋而消失了。现在，连接这些景点的，只有公路交通。没办法，只好和朋友驱车前往了。

2009 年 2 月 16 日《绍兴日报》副刊上，发表了一篇郑休白先生的文章《山阴道上》，有一段考证文字，摘录如下，可以让读者对这条历代文人心向往之的古道有个大致的了解，也作为这篇小文的结束语：“据绍兴越文化研究者张观达回忆，旧时的山阴道，是一条由石板铺砌的驿道。驿道如一条玉带，镶嵌在一片绿色桑田中间，右面是鉴湖支流娄宫江，清流碧透，轻舟争流，风帆竞发。平川尽处，娄宫江畔，一座小山头如一支箭荷。驿道转入一座架在河面上的小石桥（也称荷山）。站在桥上往前望，比荷山高大十倍的亭山挡住了去路。小桥下，一座古庵端立桥堍，庵前一条过廊，有石凳沿河绕廊。穿过过廊，河往右拐，道往左通，直奔亭山。人行至此，面对挡住去路的亭山，就会产生路到尽头，水到末处，无路可行人、无水可通舟的感觉。待至到了山前，一条由翠竹编筑的长达 20 余米的长廊，沿山脚一拐，绕过亭山，驿道又如一条古龙，蜿蜒在绿色的田野上，而水势也因势一转，流经山麓，奔流而去，成了宽阔的河面。”

秦淮桨声寻灯影

1923年7月30日，古城南京，热气逼人。

天色向晚时，熙熙攘攘的秦淮河边，走来两个身材偏矮的年轻先生——他们是五四之后崭露头角的作家、学者俞平伯和朱自清。

此时的古城南京，笙箫依旧，歌弦不绝，一派旧式的繁华。两个青年知识分子，走在人群里，看上去并不出众，也许还有些普通，如果不是戴着近视眼镜，他们和夫子庙附近的一般游客并无二致。但是，镜片后面睿智的目光中，分明透出他们的才学和理想。他们刚刚吃完晚餐，“一盘豆腐干丝，两个烧饼”——夫子庙最寻常的小吃，也是最具江南特色的茶点，虽然不名贵，由于做法和用料十分考究，俞平伯和朱自清二人应该吃得很惬意。但是，对于收入不薄的大学老师，此餐未免太简单了些。喝没喝一壶黄酒呢？豆腐干丝就黄酒，绝配的吃法，至今还受到江南人的青睐。二人酒量不知如何，也可能不像叶圣陶那样喜欢喝一口，但出门在外，又是友朋同行，总归要喝点老酒才算过瘾——那么，还是喝了！

俞平伯和朱自清一前一后来到河埠码头。

被太阳暴晒一天的码头嘴上，还有许多乘风凉的游人不愿离去。正如俞平伯的散文《桨声灯影里的秦淮河》所描述的那样，俞朱二人，“以歪歪的脚步踅上夫子庙前停泊着的画舫”，“懒洋洋躺到藤椅上去”之后，“船里便满载着”朦胧与怅惘了。“夕阳西去，皎月方来”，在仓惶灯光“晕”成的烟色暮霭里，两人听着时断时续的桨声，感受着被船桨撩起的清冽河水，细声慢语地谈论着往日秦淮，《桃花扇》里的歌妓和《板桥杂记》的公子，仿佛亲见那时的华灯映水，仿佛亲眼目睹那时的画舫凌波，便“一面有水阔天空之想，一面又憧憬着纸醉金迷之境”。这是可以想见的。但是，二位学者毕竟是绅士，虽然怡然自若仿佛梦回从前，仿佛浸潆其间，但是，待到梦被船舫歌女的唱声搅醒，终还是回到现实中。在俞平伯这篇散文中，多次记录了遭遇歌妓叨扰的事，而且，有多艘载着歌女的快船从他们身旁拍桨而过，留下顾盼的倩笑和甜腻的粉香。

时有小小的艇子急忙忙打桨，向灯影的密流里横冲直撞。冷静孤独的油灯映见黯淡久的画船(？）头上，秦淮河姑娘们的靓妆。茉莉的香，白兰花的香，脂粉的香，纱衣裳的香……微波泛滥出甜的暗香，随着她们那些船儿荡，随着我们这船儿荡，随着大大小小一切的船儿荡。有的互相笑语，有的默然不响，有的衬着胡琴亮着嗓子唱。一个，三两个，五六七个，比肩坐在船头的两旁，也无非多添些淡薄的影儿葬在我们的心上——太过火了，不至于罢，早消失在我们的眼皮上。谁都是这样急忙忙的打着桨，谁都是这样向灯影的密流里冲着撞；又何况久沉沦的她们，又何况漂泊惯的我们俩。当时浅浅的醉，今朝空空的惆怅；老实说，咱们萍泛的绮思不过如此而已，至多也不过如此而已。你且别讲，你且别想！这无非是梦中的电光，这无非是无明的幻相，这无非是以零

朱自清（1898－1948），原名自华，字佩弦，号秋实。原籍浙江绍兴，生于江苏东海，长大于江苏扬州，故称“我是扬州人”。北京大学毕业，曾任清华大学中文系教授、系主任。中国现代诗人、散文作家。

星的火种微炎在大欲的根苗上。扮戏的咱们，散了场一个样，然而，上场锣，下场锣，天天忙，人人忙。看！吓！载送女郎的艇子才过去，货郎担的小船不是又来了？一盏小煤油灯，一舱的什物，他也忙得来像手里的摇铃，这样丁冬而郎当。

甚至，那些载着歌女的快船，还船头船尾地紧贴着他们的船，一位手持戏单的“狡猾”的人跳上来，请俞平伯朱自清点歌。俞平伯很难为情，结结巴巴说了半天，也没能把来人打发走。他的“不”或“决不”，人家根本不听，就是“老调的一味的默”也不起丝毫效果，大有不听一首小曲决不罢休的意思。而朱自清呢，脸都红了。他一方面嫌俞平伯办法“太冷漠了”，一方面又没有太好的办法。但是打发纠缠的正当方法，只有辩解。俞平伯带有调侃地描写了朱自清当时的为难，朱自清对来人说：“你不知道？这事我们是不能做的。”这事，什么事呢？为什么人家

“不知道”？又为什么“不能做”？这句话激怒了“狡猾”的人，让他盯住这一句不放了。因为听话听音，朱自清的话里有明显地看不起歌女的意思，说白了，不就是唱一曲嘛。“佩弦又有进一层的曲解。哪知道更坏事，竟只博得那些船上人的一哂而去。”这里，俞平伯是和朱自清开个善意的玩笑。但是，“把他们一个一个的打发走路。但走的是走了，来的还正来。我们可以使他们走，我们不能禁止他们来。”两位年轻的诗人有些烦恼，最后怎么办呢？不能因为这个事而影响他们夜游的好情绪啊。办法还是有的。他们承诺多给船家些酒钱，让他摇船离载有歌女的船远些。“自此以后，桨声复响，还我以平静了。”这个小插曲很有意思的，两个年轻人的天真、无奈，进退两难的处境，从字里行间能够体味得到的。“心头，婉转的凄怀，口内，徘徊的低唱，留在夜夜的秦淮河上。”

即便二人在畅游途中遇到小小的不愉快，但还是有感于这次秦淮畅游，也被“梦”深深感染了。能相约写一篇同题散文，不仅是秦淮迷人夜景的诱发，一定还有某种更尖锐的东西触动了二人的神经。当“凉月凉风之下”，他们“背着秦淮河走去，悄默是当然的事了”。黑暗重复落在面前，“看见傍岸的空船上一星两星的，枯燥无力又摇摇不定的灯光”，他们的“心里充满了幻灭的情思”。也许在回旅馆的途中，二人已经相约同题散文的事了。但是，俞平伯显然不满足于文章，他正酝酿一首诗呢。

第二天，二人在南京分手时，俞平伯取出头天晚上从画舫上索来的明信片，著诗一首，赠送给了朱自清。明信片一面是“南京名所”夫子庙全景，一面是他的亲笔题诗：“灯影劳劳水上梭，粉香深处爱闻歌。柔波解学胭脂晕，始信青溪姊妹多。”诗前小序，曰：“秦淮初泛，呈佩弦兄”；诗后落款为“俞”，时间是“十二、七、三一 南京分手之日”。

这张珍贵的明信片，是朱自清后人朱乔森等捐给中国现代文学馆的。这张明信片透露的信息，至少解决了两个问题：一是以诗证文，可知俞朱同游秦淮是在 1923 年的 7 月 30 日，朱自清先生的“八月说”，是误记了。也有说是“三十一日”，也不对，俞的落款是“分手之日”。俞朱二人是头天晚上同游秦淮河，第二天才分的手，所以写诗之日并不是同游之日。二是 1996 年，当这首诗被收进《俞平伯全集》时，诗前的小序变成了题目，《癸亥年偕佩弦秦淮泛舟》，诗也经过了润色：“来往灯船影似梭，与君良夜爱闻歌。柔波犹作胭脂晕，六代繁华逝水过。”经过改造的诗，老实说，比初稿的韵味和情调差了一些，特别是“与君良夜”取代“香粉深处”，就不是那个味了。

这首诗改于何时，全集里没有说明，翻阅几种俞平伯年谱，也没有记载。但是，俞平伯实在是很怀念这次四天的南京之行的，从修改的诗中，足可以说明，他们友谊之深切，情感之厚重。所以，这才有了多年后南巡时的不辞而别。

那是 1959 年春，国家有关部门组织全国人大代表、政协委员赴江苏视察。俞平伯也是成员之一。他随团一路南下，先在扬州，又去淮安，参观视察后，按照预定线路，本应经南通过江，在苏南继续视察，行程中，有他的故乡苏州。但是俞平伯却对即将经过的故乡毫无兴趣，而是突然“消失”不见，令代表团成员大惑不解。同行人只知道他从镇江取道南京，北返回京了。俞平伯非同寻常的举动，就连同行的叶圣陶、王伯祥等老朋友也不明就里。虽然都知道他写过一首怀念朱自清的诗“昔年闲话维扬胜，城郭垂杨想望中。迟暮来游称过客，黄垆思旧与君同”(《初至扬州追怀佩兄示同游》)，但没能想到他的消失会和朱自清有关。直到多少年后，这一“谜团”才解开。原来，俞平伯在江苏视察时，想起已故好友朱自清，感慨万千，不能自禁。或者这一哀思一直萦绕于心间吧，便独自一人重游南京，重登鸡鸣寺，重游秦淮河，去凭吊与朱自清同游的往事陈迹。不难想象，六十岁的俞平伯，独自一人，徘

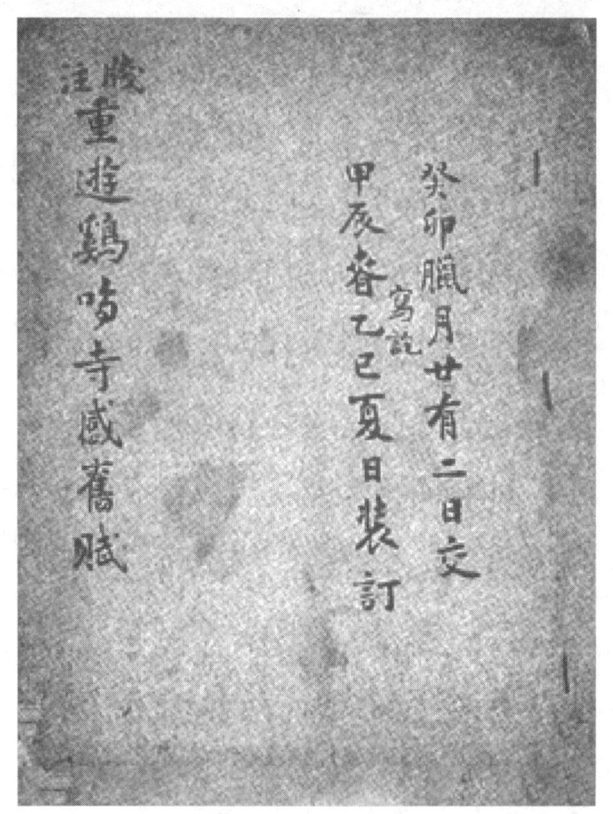

俞平伯《重游鸡鸣寺感旧赋》原稿

徊在南京的古巷里，其心情是何等的落寞而悲伤啊！到了 1960 年年末，俞平伯依然不能忘却这次孤独之旅，满怀深情地写成了一篇小赋，以纪念知交朱自清，题为《重游鸡鸣寺感旧赋》。他在序中写道："余己亥春日，自淮阴过镇江达南京，翌晨游玄武湖，遂登鸡鸣寺豁蒙楼，时雨中岑寂，其地宛如初至，又若梦里曾来，盖距癸亥年偕先友朱君佩弦同游，三十六载矣。拟倩子墨，念我故人，而世缘多纷，难得静虑，及庚子岁阑始补成此篇。"在用十六句对雨中的鸡鸣寺作了细致的描写之后，文字转入主题，缓缓诉出他"思旧神怆"的感触和对先友的思念，读之无不为之动情：

推窗一望。绿了垂杨，台城草碧，玄武湖光。观河面改，思旧神怆。翱翔文囿，角逐词场，于喁煦沫，鸡黍范张。君趋滇蜀，我羁朔方，讶还京而颜悴，辞嗟来之敌粮，失际会夫昌期，凋夏绿于秋霜。心淳竺以行耿介，体销沉而清风长。曾南都之同舟，初邂逅于浙杭。来瀚海兮残羽，迷旧巷乎斜阳。当莺花之三月，嗟杂卉之徒芳。想烟扉其无焰，痛桃叶之门荒。问秦淮之流水，何灯影之茫茫。

真是情深意切，一咏三叹，字字句句流露出对先友的追思和怀念。

“烟笼寒水月笼纱，夜泊秦淮近酒家……”唐朝杜牧的诗歌《泊秦淮》，流传千古，代代相诵，成了秦淮河的千古绝唱。千百年来，秦淮河哺育着金陵，也逐渐成为著名的繁华地带。许多名胜古迹、历史典故，都发生在秦淮河的身旁，被历代文人骚客吟诵传唱。很多游玩秦淮河的文人墨客，他们敏感柔软的心灵，常常因了秦淮河的桨声灯影而惊羡感动，这样，他们就写下了很多关于秦淮河的诗词文章。吴敬梓在《儒林外史》中，是这样描写秦淮河的：“城里的一道河，东水关到西水关，足有十里，便是秦淮河，水满的时候，画舫箫鼓，昼夜不绝。每年四月半后，秦淮的景致渐好了。到天色晚了，每船两盏明角灯，一来一往，映在河里，上下通明。”

俞平伯和朱自清同游秦淮河，写下同题名篇散文，不仅是文章流传，美名远播，流传和远播的，还有两位文友真切的情谊。

白马湖畔

白马湖，浙江上虞驿亭一个小湖，因为一所私立的春晖中学而广为人知，名扬四方——二十世纪二十年代初的一段时间里，这所偏远的乡村中学，汇聚了此后影响了中国文化发展的大师级人物，他们是：夏丏尊、冯三昧、杨贤江、朱自清、匡互生、丰子恺、王任叔、朱光潜等，这些一时俊颜，都正式受聘成为老师，对春晖中学有过巨大的贡献。此外还有何香凝、柳亚子、蔡元培、张闻天、李叔同、叶圣陶、俞平伯、陈望道、吴稚晖等名流豪杰来此授课或讲学。上述这一长串名单上，不要说现在，就是在当时，也都是响当当的人物！白马湖畔，一时成为中国文化界一道奇特而耀眼的景观。今人很难想象，为什么一个近乎荒僻的村落，一所规模不是很大的私立学校，会成为文人荟萃之地，这难道仅仅是时代使然？用我们今天的思维，这简直是不可能的，就是谁斗胆说出这样的想法，也会被认为是天方夜谭，遭到众人的嘲笑。

很遗憾，我没有去过白马湖。有一次单位组织去绍兴玩，我差点离队去上虞寻旧探幽。如果成行，白马湖说不定就是一个目的地。“差点”“说不定”，都是很玄的说法——给自己找一个圆通的解脱——到底还是没去嘛。当时有些遗憾，现在更加遗憾，有些事，想到了，就去做，光想不做，只能像我现在这样，后悔莫及。好在白马湖我还不陌生，因为从上面这些人的文章中，我大体知道了白马湖的概况，也知道那里的一字楼、科学馆、曲院，知道“长松山房”，知道丰子恺的“小杨柳屋”，知道夏丏尊所居“平屋”，知道那些有走廊相连的教舍、图书馆，知道他们多次的雅集、聚谈，更知道俞平伯应朱自清邀请，专门来春晖中学探访、听课、游玩的雅事。

夏丏尊（1886－1946），本名夏铸，字勉旃，号闷庵，浙江上虞松厦人。中国近代教育家、散文家。

俞平伯的这次春晖之行，是在1924年的3月8日。江南的早春，气候温润，树木花草在春风中蠢蠢欲动，迎春花已经抽芽，嫩黄色的花朵碎米粒一样渐次开放，遍野的油菜更是窜得很高，只等一夜的春风，便开花成辉煌的一片。此时的俞平伯，已于二月初，辞去上海大学的教职，回杭州家里。或许是闲居的时间久了，也或许是想念朋友心切，更重要的是，因为好友朱自清的邀请，俞平伯收拾行装，告别西子湖畔的夫人孩子，先去上海，看望叶圣陶和王伯祥。下午，又包车经宁波，从宁波来到上虞白马湖春晖中学。两位早几年就结下友情的北大校友，初一见面的喜悦之情，自不待言。晚饭后，两位气味相投的朋友，在宿舍里彻夜长谈，交流近年来各自的创作以及问学心得，该是何等惬意的人

1911年，叶圣陶与王伯祥（右）、顾颉刚（左）合影。

生乐事啊!

说起来，朱自清比俞平伯稍大，入学却比俞平伯晚一年，两人的交谊不是从春晖开始，而要上溯到1920年4月，俞平伯从英国回来后，在杭州小住一段时间，暑假结束即到“浙江第一师范学校”任教。已经在“一师”任教的朱自清，早就知道这位1918年就发表新诗(和鲁迅《狂人日记》发表于同一期《新青年》)的诗人学长。朱自清便将新诗集《不可集》送给俞平伯求教。俞平伯看后，开始和朱自清探讨新诗，就新诗创作的现状和发展，抒发各自的看法，由于年龄相仿，又师出同门、且为同事，二人惺惺相惜。俞平伯对朱自清的新诗功力十分赞赏。朱自清也因为结识俞平伯这样的才子而格外欣喜，课余时间，经常聚在一起，交换阅读新创作的作品，互相讨论，发表自己的见解。1920年11月5日，俞平伯写出了《做诗的一点经验》，一个月之后的12月14日，又写了《诗底自由和普遍》。两文中，俞平伯对新兴不久的白话诗，提出了自己的见解，这些见解，完全是自己的体验。此后又陆续创作了《诗的进化的还原论》《与金甫先生谈诗》《与启明先生谈诗》等，这些谈诗的论文，或多或少都和朱自清有过交流。当然，他们还在1921年7月，讨论过“民众文学”，文中叙述了二人对于民众文学的分歧，而这种分歧也是在友好的气氛中进行讨论的。

这段时间是二人创作的高峰期，写了为数可观的诗文。同时，他们的社会活动也多了起来。1922年，俞平伯和朱自清、叶圣陶、刘延陵还创办了中国新文学史上第一个新诗杂志《诗》月刊。仅从刊名上看，他们也够大胆的，也相当地投入，很可惜，这本杂志只办了二卷七期就停刊了。但在编辑过程中，二人都是出过大力的。同时也创作了数量可观的诗作。1922年3月，俞平伯的新诗集《冬夜》出版。集中的大部分作品，都写于这一时期。所以，《冬夜》的序言出自朱自清之手就顺理成章了：

在才有三四年生命的新诗里，能有平伯君《冬夜》里这样作品，我们也稍稍可以自慰了。

从五四以来，作新诗的风发云涌，极一时之盛。就中虽有郑重将事，不苟制作的；而信手拈来，随笔涂出，潦草敷衍的，也真不少。所以虽是一时之“盛”，却也只有“一时”之盛；到现在——到现在呢，诗炉久已灰冷了，诗坛久已沉寂了！太沉寂了，也不大好罢？我们固不希望再有那虚浮的热闹，却不能不希望有些坚韧的东西，支持我们的坛坫，鼓舞我们的兴趣。出集子正是很好的办法。去年只有《尝试集》和《女神》，未免太孤零了；今年《草儿》《冬夜》先后出版，极是可喜。而我于《冬夜》里的作品和它们的作者格外熟悉些，所以特别关心这部书，于它的印行，也更为欣悦！

平伯三年来做的新诗，十之八九都已收在这部集子里；只有很少的几首，在编辑时被他自己删掉了。平伯底诗，有些人以为艰深难解，有些人以为神秘；我却不曾觉得这些。我仔细地读过《冬夜》里每一首诗，实在嗅不出什么神秘的气味；况且作者也极反对神秘的作品，曾向我面述。或者因他的诗艺术精炼些，表现得经济些，有弹性些，匆匆看去，不容易领解，便有人觉得如此么？那至多也只能说是“艰深难解”罢了。但平伯底诗果然“艰深难解”么？据我的经验，只要沉心研索，似也容易了然；作者底“艰深”，或竟由于读者底疏忽哩。这个见解也许因为我性情底偏好？但便是偏好也好，在《冬夜》发刊之始，由我略略说明所以偏好之故，于本书底性质，或者不无有些阐发罢。

从序言里，不难看出他们探讨新诗时的态度。朱自清陈述了他不仅和“作者格外熟悉些”，也提及了俞平伯曾向他“面述”新诗的“神秘”，并“极反对神秘的作品”。接下来，朱自清还就诗集的艺术特色谈了三点：精炼的词句和音律，多方面的风格，迫切的人的情感。可见他们的观点和意趣确是有许多共通的地方。而且，对这本诗集的出版，朱自清也做了不少工作，“承他底敦促”，“帮了我许多的忙”。（俞平伯《冬夜·自序》）敦促和帮忙，都是朋友间拥有最好的情谊才能做到的。

到了这年的六月，俞平伯和朱自清同舟游西湖。西湖的美丽风光使两个年轻人相同的感受不少，不同的感受也有。俞平伯的闲适多于忧患，而朱自清的忧患要多于闲适，这一方面与两人的家庭教育有关，另一方面也和性格有关。所以，俞平伯的文章，有些晚明文人小品的余绪，杂糅调和，独抒性灵。比如这次西湖之游，俞平伯写出的是《湖楼小撷》这样有况味的唯美文字，而朱自清的“动静”显然要大，他在和俞平伯同游西湖不久后的暑假，回到扬州家里，回忆起西湖的景色，开始动笔写长诗《毁灭》。朱自清在序引中如是写道：“六月间在杭州。因湖上三夜的畅游，教我觉得飘飘然如轻烟，如浮云，丝毫立不定脚跟。

当时颇以诱惑的纠缠为苦，而亟求毁灭。情思既涌，心想留些痕迹。但人事忙忙，总难下笔。暑假回家，却写了一节；但时日迁移，兴致已不及从前好了。九月间到此，续写成初稿；相隔更久，意态又差。直到今日，才算写定，自然是没劲儿的！所幸心境还不会大变，当日情怀，还能竭力追摹，不至很有出入；姑存此稿，以备自己的印证。”“今日”是哪一日呢，后有日期为证，“一九二二年十二月九日晚”。整首诗的情绪，悲哀徘徊。长诗成稿后第一个做出反响的人自然是好友俞平伯了，《读〈毁灭〉》的评论，也就即时而生。这篇长评几乎是俞平伯关于白话诗歌最长、最系统的评论，而且评价也相当地高：“如浮浅地观察，似乎《毁灭》一诗也未始不是‘中文西文化，白话文言化’的一流作品；但仔细讽诵一下，便能觉得它所含蓄着，所流露着的，决不仅仅是奥妙的‘什么化’而已，实在是创作的才智的结晶，用联绵字的繁多巧妙，结句的绵长复杂，谋篇的分明整齐，都只是此诗佳处的枝叶；虽也足以引人欢悦，但究竟不是诗中真正价值之所在，若读者仅能赏鉴那些琐碎纤巧的技术，而不能体察到作者心灵的幽深绵邈；这真是‘买椟还珠’，十分可惜的事。”可见俞平伯是深知《毁灭》的深层意义的，称其是“勇者的叫声”。后来，郑振铎在《五四以来文学上的争论》中更是直截了当地高度评价这首诗：“远远超过《尝试集》里的任何最好的一首。”

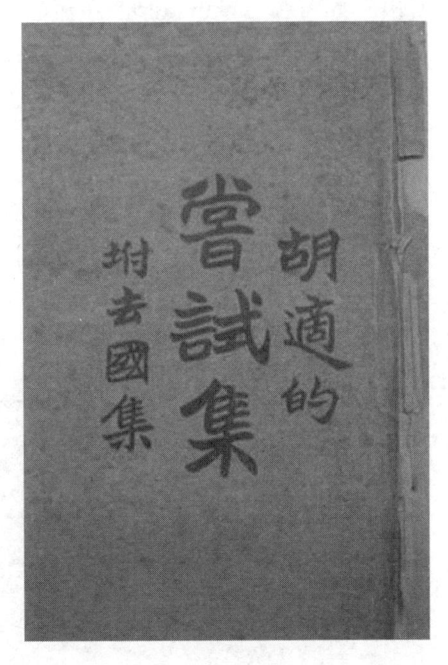

1920年出版的《尝试集》封面。

所以，二人在两年之后白马

湖畔的重逢，可见会格外地亲，也会有更多的话说。俞平伯还兴致很高地听了朱自清的一堂课。在当时，大学里才有这种风气，无论哪系的老师，只要自己愿意，都可以到别的班上听课。他们听课，不是要去挑对方毛病（当然，如果有毛病，肯定也是要挑的），而是学习别人的长处，补充自己的知识，增长自己的见闻。不过，一个大学老师，坐在中学课堂上，听好友讲课，其中意味，可能不仅仅是补充知识、增长见闻，更多的是心灵上的互通互慰。他们的特殊友情，让我想起两个作家朋友，李惊涛和张亦辉。他们的小说写得棒，对我有过影响。李、张二位分别任教于浙江杭州两所不同的大学，都教中文，都爱写作，是十分要好的朋友。据我所知，二人都互相听过对方的课。我笑他们这是五四遗风，现代文人的传统。

据《俞平伯年谱》（孙玉蓉编纂，天津人民出版社 2001 年版），俞平伯对朱自清上课的严肃认真十分称颂。课后，经朱自清介绍，俞平伯认识了夏丏尊。夏丏尊是个老派的文人，对俞平伯久已闻其大名，两人初次会晤，可谓一见如故，相谈甚欢。夏丏尊一高兴，热情邀请俞平伯

白马湖

到他家吃晚饭。当晚，天空飘起微雨。俞平伯对这样的江南牛毛细雨久已习惯，欣然冒雨前往。俞平伯对夏家平屋的印象是“颇洁雅素朴，盆栽花草有逸致”。饭桌上，谈诗论文，藏否人物，应该是无所不谈的。但我想更多的还是和文事有关。夏丏尊家的酒菜好吃，在朋友中间久已闻名，夏夫人的厨艺极佳，一盘一碗的好菜摆满一桌，几个好朋友一边谈一边吃，不多久，杯盘皆空。俞平伯的日记中这样记道：“饭后偕佩笼灯而归，傍水行，长风引波，微辉耀之，踯躅并行，油纸伞上‘沙沙’作繁响，此趣至隽，惟稍苦冷与湿耳。”那么，都吃些什么呢？夏家的食单中，除腌鱼腊肉外，时蔬中，有一盘鲜嫩的荠菜炒年糕，这是浙东人爱吃的菜，周作人在《故乡的食物》中介绍过这道菜。

近一百年前的上虞驿亭白马湖边，乡村风光十分婉约、秀丽，完全是自然的情态，没有一点人工雕刻的痕迹，几面青山，绿树浓密，山草青翠，泉水叮咚，小溪奔流，鸟语啾啾，花香怡人，说不尽田园之美。中间是狭长的水田，烟波浩渺的白马湖被群山环抱，一汪湖水养育着鲜美的鱼虾，一片田塍种植着香甜的稻谷，举目是青山，低头看碧波，真一幅世外桃源啊！3 月 10 日，在田间蜿蜒的阡陌上，俞平伯和朱自清披着早霞，伴着薄雾，一边散步一边小谈，上下古今，新文旧籍，乡野清趣，草木虫鱼，怕都是他们的话题吧。他们走着，聊着，前边已是上山的路，二人毫不迟疑就随坡上山了。话是说不完的，几日的相聚，必定要抓紧时间。无论谁在说，另一方必定在倾听，也或插上一两句，大约不会有大争论的。他们站立山腰，看山下的春晖园，园边的绿水，耳边隐约响起上课的铃声。

天色明净，远山含黛，他们极目远眺，白马湖也尽收眼底了，他们会情不自禁想起朱自清《春晖的一月》里所描写的吧：“湖水有这样满，仿佛要漫到我的脚下。湖在山的趾边，山在湖的唇边；他俩这样亲密，湖将山全吞下去了。吞的是青的，吐的是绿的，那软软的绿呀，绿的是一片，绿的却不安于一片；它无端的皱起来了。如絮的微痕，界出无数片的绿；闪闪闪闪的，像好看的眼睛。”

俞平伯和朱自清的友谊，也像朱自清笔下的山水一样亲密了。太阳渐渐升高，该是下山的时候了。山下，已有人寻访而来，是谁？夏丏尊还是丰子恺？俞平伯访朱自清的另一大收获，就是结交了一批朋友，夏、丰无疑是最为投机的新友。于是，在早春青翠的山道上，新旧好友，又开始了新的话题……

这天晚上，朱自清、夏丏尊等人又邀请俞平伯为春晖中学学生讲演《诗底方便》，俞平伯认为：“真的创作，实是具备这两种方法，是一半儿做，一半儿写的。草率粗直的不是诗，装腔作态的也不是诗。写是适合诗底机，做是充实诗底力。若换上两个名词，一个是天分，一个是工夫。这实在可以推及一般文艺，并可推到其他的事情。”他还把诗提升到一个高度，指出：做诗“从无方便中想个方便，是从做人下手。能做一个好好的人，享受丰富的生活，他即不会做诗，而自己就是一首诗。即使不是，其价值岂不尤胜于名为做诗的人”。这样的观点，即便拿到现今，也是不过时的。春晖中学的学生真是有幸了。俞平伯的这篇演讲，后来发表在上海发行的《民国日报·觉悟》上，得到了更广的传播。

上虞这个地方，似乎特别地耳熟，想一想，原来在越剧《梁山伯与祝英台》开幕合唱中，便有优美的齐唱，“上虞县，祝家村，玉水河边……”婉转、轻柔的乐曲声，似又在耳边回响……这玉水河在哪里呢？是否流经白马湖？不管它了，白马湖的水，水边的青山，已经和那一时期的文人相互感染，孕育了一种特有的文脉，正世代传播。

和汇集在白马湖边的新朋旧友几天的相聚，俞平伯自然也感受到这样的文化传承。3 月 11 日，在朱自清的陪同下，俞平伯前往宁波第四中学师范部。临行前，刚认识不久的新友夏丏尊送了他一份礼物，这份礼物有些特殊，不是什么昂贵的东西，而是一匣春晖中学的信笺纸，真是君子之交又不失文人本分啊！火车上，俞平伯和朱自清二位好朋友，依然是一路交流，俞平伯更是拿出随身带来的诗剧《鬼劫》，请朱自清看。诗剧是俞平伯的新尝试，而且只是初稿，朱自清和俞平伯一样，对诗剧这一形式也是陌生的。这部诗剧后来发表在《我们的七月》上，落款日期是“一九二四，四，十七，写完”。二人还一同阅读白采的长诗《羸疾者的爱》，并且进行了认真的讨论。俞平伯在此后发表的《与白采书》里写道：“三月间游甬带给佩弦看。于柠檬黄的菜花初开时，我们在驿亭与宁波间之三等车中畅读之。佩弦说，这作品的意境音节俱臻独造，人物的个性颇带尼采式。”这是很高的评价了。显然，俞平伯是赞同朱自清的评价的。俞平伯接着说：“我敢说，这诗是近来诗坛中杰作之一。必内蕴既深，方能奔放的这般浩瀚，这般苍莽。”真是不吝溢美之词啊！3 月 12 日上午，俞平伯又一次登上讲坛，给宁波第四中学师范部三年级学生讲了一堂《中国小说之概要》。朋友相聚，吃喝自然是一大内容了，何况俞平伯本身就好吃呢。当时的宁波，有一家李荣昌酒店，野味很有名气，俞平伯接连被请了两次，第一天是四中校长郑萼邨请客，吃了宁波的野味竹鸡、鸽、鹌鹑、水鸭等。俞平伯很惬意地说，以为稀罕的宁波野味，无一样不是地道的“海菜，可称酒人之盛筵”了。后来朱自清又请吃

俞平伯与朱自清共同编辑的《我们的七月》丛刊。

了一次。这两顿饭，俞平伯共吃了两斤酒，“宁”“绍”两种。绍兴酒清冽，宁波酒微酸而厚，也不坏。至此，俞平伯这次白马湖之行，才算圆满结束。

关于白马湖边春晖中学的这次聚谈，还有后序可记，即这年的10月29日，春晖中学的学生来杭州旅游，率队的正是朱自清。这些学生中，大概有不少是听过俞平伯的讲演吧。不知他们有没有和俞平伯交流，但可以肯定的是，朱自清和俞平伯至少有过三次非常愉快的畅谈。第一次是到达的下午，两人谈些什么，具体不好猜测，但也离不开这么几点：一是俞平伯的工作，8月26日，俞平伯曾致信周作人，请周在北京帮他找工作。这时候俞平伯暂时待业，和好朋友谈谈未来的工作，也极有可能的。二是继续讨论《“义战”》。《“义战”》是俞平伯9月5日写的一篇文章，发表在9月14日《时事新报·文学》周刊第139期上，署名“一公”。这篇文章在俞平伯所有文章中，有些特别。作者分析了战争与正义的三种关系。朱自清看到报纸以后，对他的态度深感不满，写了一篇评语，这篇评语措辞有些严厉。朱自清并没有寄给俞平伯。这次见面，二人讨论《“义战”》也是有可能的。但谈论未必深入。因此二十多年后，俞平伯才偶然看到朱的评语，感到非常惭愧，感叹像朱自清这样的诤友实在太少了。还有一种可能是，他们继续谈论西湖八景之一的雷峰塔的倒掉。这个话题，在当时是很多文人喜欢谈论的，就连远在北京的鲁迅都写了一篇杂文。何况雷峰塔倒掉时的9月25日，俞平伯在西湖俞楼上观看了全过程，在10月4日致顾颉刚信中，也谈了雷峰塔的倒掉，这次再和好朋友描绘一番也是情理中的事。10月31日下午，俞平伯和朱自清在碧梧轩饮酒畅谈，这次借着酒劲，谈话必定更为深入。到了11月2日第三次见面时，畅谈有了具体内容了，也是在下午，俞平伯将草就的对于新朴社的提议给朱自清看。朱自清很感兴趣，跟俞平伯了解了有关朴社的情况。老朴社是一个多月前在上海解体的，俞平伯与在北京的顾颉刚，联络北大同学吴维清、范文澜、冯友兰等人，继续组织朴社，上海的老朴社社员叶圣陶、王伯祥仍是社员。这个组织就是一个民间社团，主要目的是大家筹资用来出书。成立后，还在北京大学附近开办了“景山书社”。这三次聚谈，让两个老朋友的感情更加巩固了。

两个多月后，俞平伯收到来自白马湖畔的信，因为学校发生学潮，朱自清情绪受到影响，想脱离教育界，另谋职业。他写信向好朋友求援，把自己的想法告诉了俞平伯，请俞平伯在北京为他留意。

这就是白马湖畔流传的故事。

一周前，宁波的朋友给我发来几张春晖中学的照片，其中就有一张朱自清的旧居。旧居是一座粉墙黛瓦的江南小院，几间并不高大的平房，墙壁有粗壮的木料架框，还有一截矮墙。旧居虽然陈旧，却整洁有序，院内有几棵杂树，还有南天竺，都是郁郁葱葱的。当年朱自清陪俞平伯在小院里漫谈，在灯下阅读，在湖边、山上的晨昏里散步，必定是惬意而愉快的。虽然是短短的三天，想必俞平伯也和朱自清一样，爱上了这里。

永恒的《忆》

俞平伯在《忆》的自序里说：

云海的浮沤，风来时散了。云的纤柔，风的流荡，自己是无心的，而在下面的每每代它们惋惜着，这真有点儿傻。但不于此稍留我们的恋恋，更将何所托呢？我们且以此自珍罢，且以此自慰罢。

至于童心原非成人所能体玩的，且非成人所能回溯的。忆中所有的只是薄薄的影罢哩。啊！即使是薄影罢——只要它们在依黯的情怀里，不知怎地历历而可画，我由不得摇动这没奈何的眷念。

而这一本小书便是《忆》。

一九二二年原稿，二八年改稿。

记忆之河，是人生最大的财富。

人，从一个不谙世事的婴儿开始，到两三岁时有了记忆，逐渐地，人生开始丰富，开始感知欢喜和悲苦……

而童年，无疑是最让人怀念的一个阶段，天真，烂漫，真实，自然。古今中外，不知有多少名人大师，都曾书写过自己难忘的童年。俞平伯也不例年，他的《忆》虽然是一本诗集，却是用诗的形式怀念童年生活的种种。我们随意选一首（之十一），就会对他诗中所记感同身受：

爸爸有个顶大的斗篷。
天冷了，它张着大口欢迎我们进去。
谁都不知道我们在那里，
他们永找不着这样一个好地方。
斗篷裹得漆黑的，
又在爸爸的腋窝下，
我们格格地好笑：
“爸爸真个好，
怎么会有这个又暖又大的斗篷呢？”

多么亲热而温暖的记忆。作者记述的场景，就连一百年以后的我们，都感到亲近和温暖，仿佛又回到捉迷藏的童年，回到父母的羽翼下，回到不知愁忧、不知涩苦的年代，并深切地感受到父辈的疼爱和呵护。

俞平伯诗记的童年，像春风吹过的草芽一样，从我们心里滋长，也如他的诗一样，传递着消逝的时光。再现是不可能了，回味却是无时不在。人生毕竟仓促走过，就算再过一百年，也似乎弹指一挥，逝去的时光无法再现，逝去的情感只能回味。岁月之快，恍如指间流沙，带走短暂的青春韶华，悄然比飞花还迅捷。而青春如梦，或许就是梦。追忆，怀想，瞬间便要面对纷繁的现实和残酷的竞争。成长有欢乐，更多的却是烦恼，还未及细想，还未及享受，甚至还未及后悔，两鬓已染白霜。只有记忆永恒。而记录记忆之《忆》，是我们每个人内心共同的祈愿。正如朱自清所说："飞去的梦因为飞去的缘故，一例是甜蜜蜜而又酸溜溜的。这便合成了别一种滋味，就是所谓惆怅。而'儿时的梦'和现在差了一世界，那酝酿着的惆怅的味儿，更其肥腴得可以，真腻得人没法儿！你想那颗一丝不挂欲又爱着一切的童心，眼见得在那隐约的朝雾里，凭你怎样招着你的手儿，总是不回到腔子里来；这是多么'缺'呢？于是平伯君觉着闷得慌，便老老实实地，像春日的轻风在绿树间微语一般，低低地，密密地将他的可忆而不可不捉的'儿时'诉给你。他虽然不能长住在那'儿时'里，但若能多招呼几个伴侣去徘徊几番，也可略减他的空虚之感，那惆怅的味儿，便不至老在他的舌头上腻着了。这是他的聊以解嘲的法门，我们都多少能默喻的。"（《忆·跋》）不愧是知交好友，朱自清的话说得多好啊！不仅把朱自清他们招呼进作者的儿时记忆里徘徊，还唤起所有读者重走一趟童年的心路。而一个"缺"字，又是多么地奇妙，多么地暗合人心，多么地恰如其分，更准确地表达出了那份感受。

《忆》初版于1925年12月，志成印书馆印刷，石印，线装，朴社出版。文字全部为毛笔手写，每页6行。选用的纸张是上好的白绵纸，单张对折，成书规格为长16×5cm，宽11×3cm。该书封皮为黄色单面光土纸，无字。衬页上有书名"忆"，下有三个小字："呈悟妹"。内页无页码。封面画放在内页，画上的"忆"字繁写。画面上，有一个坐在书桌前苦思冥想的成年读书人，一手托腮，一手挟烟。袅袅升起的两缕烟，一缕延伸至头顶，一缕回旋着，变成一行脚印，绕成一个"8"字，在"8"字上部的圆圈里，是一个骑着"竹马"玩耍的幼童。这幅图，

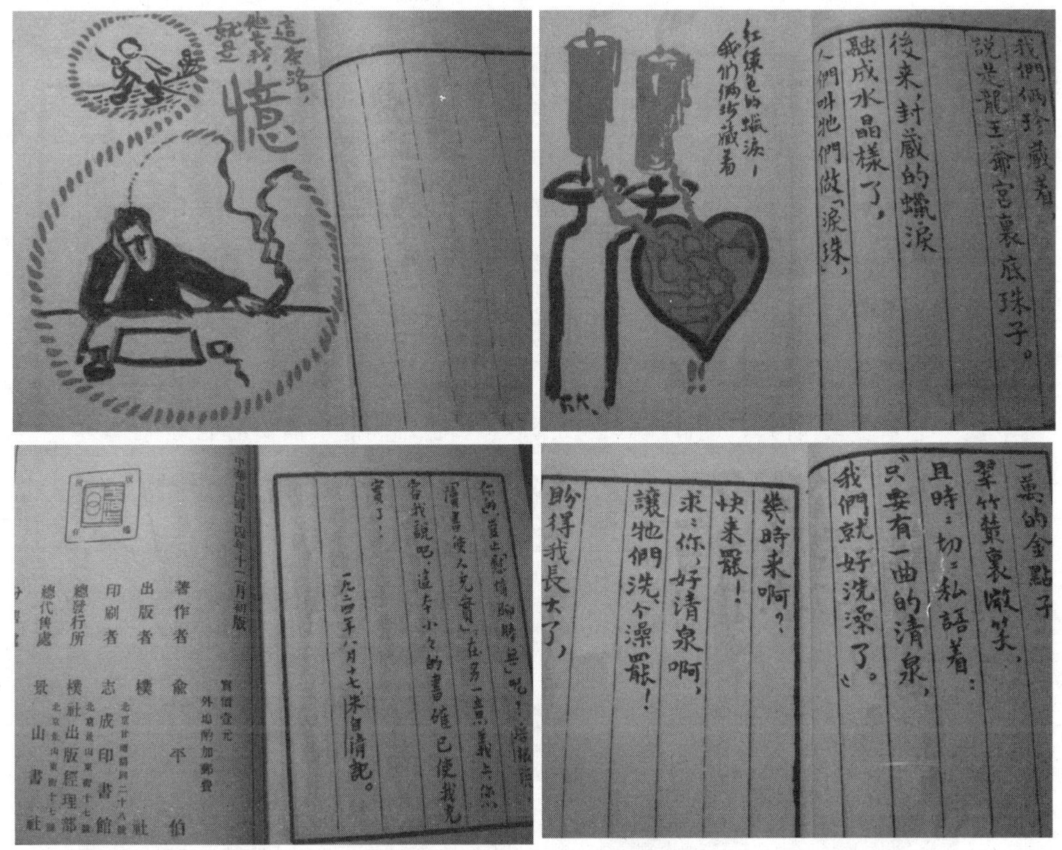

俞平伯新诗集《忆》的书影。

恰如其分地反映了这本书的题旨，要“缺”的都“缺”了，也只能任其“缺”，除此，还能怎么样呢？

有意思的是，这幅原本做封面的画，出自孙福熙之手。孙福熙在当时已经是小有名气的散文家了，同时也是画家和书籍设计爱好者，曾经为鲁迅设计过《野草》《小约翰》等书籍的封面，非常受鲁迅喜欢。

而《忆》中的 17 幅彩色插图，作者来头更大，为丰子恺所作。这些插画全部根据诗意所画，充满童趣，十分传神，保持丰氏一贯的风格，拙而朴，纯而美。

一本小书有如此之多的插图，而且出自一人之手，在那个时代十分罕见，可见他们之间的友情之深。

差不多就在《忆》出版的同一时期，俞平伯也为丰子恺的漫画初刊写了篇序文，俞平伯开篇就说："听说您的漫画要结集起来和世人相见，这是可欢喜的事……子恺君，您的轮廓于我是朦胧的，而您的心影我是厮熟的。从您的画稿中，曾清清切切反映出您自己的影儿，我如何不见呢？将心比心，则《漫画》刊行以后，它会介绍无量数新朋友给您，一面又会把您介绍给普天下的有情眷属。'乐莫乐兮新相知。'我由不得替您乐了。"看看，这种趣味相投的欣赏，也难怪俞平伯要请他为自己珍爱的手抄石印诗集来插画了。更难能可贵的是，诗和画，都是在同一题旨下，可谓绝配啊。

《忆》的题词也是别出心裁，是俞夫人所题，而且风格独特：

鲁迅、许广平与周建人、林语堂（后中）、孙伏园（后右）、孙福熙（后左）合影。

我初见他在江南，他说：
“春天是温柔的，
夏天是茂盛的，
秋天是爽快的，
冬天是寓逸的。”

我再见他在北京，他说：
“春天是惆怅的，
夏天是烦倦的，
秋天是感伤的，
冬天是严肃的。”

我想：
“从惆怅可以得温柔，
从烦倦可以得茂盛，
从伤感可以得爽快，
从严肃可以得寓逸。”
这条路，他告诉我，就是《忆》。

这种形式，当然也是俞平伯的主意了，因为《题记》的最后说：“平伯嘱写此题词。”

当然，《忆》里也有俞夫人的影子：

亮汪汪的两根灯草的油盏，
摊开一本《礼记》，

且当它山歌般地唱。

乍听间壁又是说又是笑的，
“她来了吧？”
《礼记》中尽是些她了。
“娘，我书已读熟了。”

这是俞平伯爱情的早期萌芽。因为“她”在间壁又是说又是笑的，书也读不下去了，“《礼记》中尽是些她了”，只好赶快告诉母亲，书已经读熟了。读熟就可以去和表姐玩了。多么直白又亲切的描写啊！

如前所述，这本书更让人称道的是，跋文由俞平伯好友朱自清所作。朱自清显然最了解俞平伯作此诗集时的心态，他俩不仅是大学前后届的同学，还曾同居一室，多次一同出游，甚至在西湖划船三天三夜，是相知相交的好友。所以朱氏跋文也洋洋洒洒，评叙交替，抒情有度，完全说到了俞平伯的心坎上：“平伯君有他的好时光……子恺君又画出了它的轮廓，我们深深领受的时候，就当是我们自己所有的好了。‘你的就是我的，我的就是你的’，岂止‘慰情聊胜无’呢？培根说：‘读书使人充实’；在另一意义上，你容我说吧，这本小小的书确已使我充实了！”

再说这本书的出版者朴社，在结社成风的二十世纪二三十年代，朴社的影响虽然不大，来头却相当了得，《顾颉刚全集》（中华书局）里有详细记载：1923 年 2 月 20 日，顾氏致函郭绍虞，述及“朴社”问世经由。其云：“我们因为生计不能自己做主，使得生活永不能上轨道，受不到人生乐趣，所以结了二十人，从本年一月起，每人每月储存十元，预备自己印书，使得这二十人都可以一面做工人，一面做资本家；使得赚来的钱于心无愧，费去的力也不白白地送与别人。我们都希望你加

郑振铎（1898–1958），生于浙江温州，原籍福建长乐。字西谛，书斋用“玄览堂”的名号，有幽芳阁主、纫秋馆主、纫秋、幼舫、友荒、宾芬、郭源新等多个笔名。作家，文学史家，著名学者，是中国民主促进会发起人之一。

人，想你必然允许我们的。我们的人名是振铎、雁冰、六逸、予同、圣陶、伯祥、愈之、介泉、缉熙、燕生、达夫、颂皋、平伯、济之、介之、天挺及我。我任了会计，伯祥任了书记。这社暂名为朴社……”看看这一串名单吧，哪一个不是新文化运动的顶级人物？据说，首先动议成立朴社的是郑振铎，1923年更早些时候，商务印书馆的几位编辑好友，在《小说月报》编辑郑振铎住处雅聚，谈古论今，十分投缘，郑振铎发牢骚道：“我们替馆里工作，一月才拿百元左右，可是出一本书，馆里就可赚几十万元，何苦来！还不如大家凑钱办一个书店。”听了郑振铎的提议，叶圣陶、顾颉刚、沈雁冰等予以响应。这就是朴社成立的由来，可以说是一个文友集资、自费出书、再赚钱的“俱乐部”。俞平伯的这本诗集，就是朴社出的一种。

俞平伯还在朴社校点出版了《浮生六记》，风靡一时，也因此赚了不少版税。另外，由他主持的“枫叶小丛书”，前后共编四本，也在朴社出版发行，影响不小。他还标点了王国维的《人间词话》，于1926年2月由朴社首次排印单行本。他校点的明人张岱的《陶庵梦忆》，也很

《浮生六记》

《浮生六记》插图

畅销。这些由俞平伯主持的书，为新文学树立了范本，也给他本人提供了丰富的历练和实践。做这些工作的俞平伯，非常讲究图书装帧艺术，包括《忆》在内，装帧设计之精美，为时人所赞叹；就是用今天的审美眼光来看，也是图书装帧艺术的典范。

《忆》里的每一首诗，包括其他文字，均由俞平伯亲手抄成。俞平伯的书法楷中兼行，笔势随意，不猛不弱，充分展现了小楷书法的艺术特色。众所周知，俞平伯家学渊源，从小练就了童子功，其小楷书，柔婉娟秀，又不失高雅俊朗，犹如山林隐士，远离世俗，很受同行的称道，经常有人索要把玩。笔者好友葛丽萍也是书法家，她的小楷书法也很有特色，欧体中注入隶变的成色，婉雅可爱，又热爱散文写作，出版过散文集《心有菩提》，并创作了大量诗词。受《忆》的影响，葛丽萍于闲暇中，把她的诗词抄在五颜六色的信笺上，一页一首，积久成轶，很有古风。我看了，爱不释手，真想据为己有，但又不好意思夺人之爱，欣赏之余，心里还时常惦记。而与我抱有同心的，据说大有人在。仅从这一点上说，葛丽萍的仿效也是成功的。

在《忆》之前，俞平伯已经出版了《冬夜》《西还》两本诗集，又和朱自清合作出版诗集《雪朝》。和另几种诗集不同的是，《忆》是苦心孤诣专门制作的，不但内容上抓取童年心情、心事、心迹，序言、插图、装帧、版式等各方面，也都是独一无二的。概括地说，这本装帧独特、形式精致的《忆》，诗、跋、序、图和整体装帧，相得益彰，诗情画意，读者在评读美诗的同时，可以品书法，赏绘画，会浮想联翩。可见俞平伯先生对自己作品的出版是何等重视和考究了！事实也正是这样，这本《忆》甫一问世，就成为出版史上的精品、奇葩。

现在，想找到一本原版《忆》几乎是不可能了。令人欣慰的是，1996 年 8 月，北京燕山出版社据此书原样影印出版，弥补了爱书者心中的缺憾。

感谢俞平伯，也感谢朱自清、孙福熙，还有朴社的诸位大师，《忆》是他们的，也是我们的。

葺芷缭衡

俞平伯曾在上海大学任教，从 1923 年 6 月接受上海大学教务长邓中夏聘请算起，总共达八个月，除去两头的暑假和寒假，实际只任教一个学期。时间虽然不长，但在俞平伯人生履历中，却是较为重要的经历。因为他身边的同事中，有现代文学史上举足轻重的人物陈望道、田汉、沈雁冰等，还有已经在上海的叶圣陶、王伯祥、郑振铎、曹聚仁、江绍原等诸多好友。

这年的暑假一结束，俞平伯就赴上海大学中国文学系任教了，他教的课程主要有《诗经》和小说。如果说他讲授中国小说的课，还多少要受些鲁迅的《中国小说史》讲义的影响，那么讲《诗经》就是他的强项了，甚至可以说是驾轻就熟，所以，俞平伯在上海甫一住定，就把自己位于闸北永兴路上的居室命名为“葺芷缭衡室”。这个室名是和《诗经》有关的，俞平伯研究专家孙玉蓉在《俞平伯的室名》里有很细的介绍，转引如下：

……它取自《楚辞·九歌·湘夫人》中的“筑室兮水中……芷葺兮荷屋，缭之兮杜衡”句，意即用“芷”这种香草覆盖筑于水中的荷叶屋，用“杜蘅”香草缠绕在屋上。小楼上的居室何以会“葺芷缭衡”？不过是作者想象中和夫人共同生活的环境罢了。这是一嵌字格室名，其中的“芷”字是俞夫人许宝驯的小名，“衡”字是俞平伯的大名（俞平伯名铭衡，以字行），因此，“葺芷缭衡室”又特指夫妇二人的居室兼书房。俞平伯《读诗札记》书中的大部分篇章写于“葺芷缭衡室”，有些篇章曾以《葺芷缭衡室读诗札记》为题，发表在各种刊物上。他在一九二三年十一月十二日《文学》周报第九十六期上发表的《葺芷缭衡室杂记》一文，还署名“环”，这是俞夫人的字“长环”的缩写。俞平伯在二三十年代曾用过十几个笔名，而用“环”署名的，却只有这一次。一九二四年春，俞平伯辞去上海大学的教席，移居杭州，“葺芷缭衡室”不复存在，“环”的笔名也就不再使用。这或许可旁证嵌字格室名是名副其实的。十余年后，俞平伯将《〈读诗札记〉自序》收入《燕郊集》时，还特意改题目为《葺芷缭衡室读诗札记序》，以表示对那段生活的纪念。转瞬又是三十余年，到一九六九年底，俞平伯偕夫人下放河南息县东岳集干校时，住在农家的一间小土屋里，生活十分艰苦，可是，他在那淳朴的农村风气中，却自感到一种新的乐趣，因此，想到“何期葺芷缭衡想，化作茅檐土壁真”。可见俞平伯自己也未曾想到四十七年前所向望的“葺芷缭衡室”，却在这一偶然的处境中变成了现实。

如此详细的文字，不需我再饶舌了。我要记述的是俞平伯葺芷缭衡室时期的几个重要的片段。

一是和《小说月报》的关系。众所周知，《小说月报》在文学研究会接管之前，已经是很有名的杂志了。它创刊于 1910 年 7 月，每年一

1921年初，郑振铎、沈雁冰发起成立文学研究会。这是文学研究会成立时在中央公园（今北京中山公园）来今雨轩的合影。前排右起：易家越、瞿世英、王统照、黄英、杨伟业、郭梦良；中排右起：蒋百里、朱希祖、范用余、许光迪、白镛、江小鹣；后排右起：孙伏国、耿济之、苏宗武、李晋、许地山、宋介、郑振铎、王星汉。

五四新文化运动时期的刊物《小说月报》。

卷，每月一期。刊登的内容以“鸳鸯蝴蝶派”作家的作品为主。这一派的作者，高手很多，包天笑、徐枕亚、张恨水、程小青、秦瘦鸥、周瘦鹃等都是一时名流，还影响了后来的张爱玲。他们文学的宗旨是以“消闲”“趣味”“游戏”为主，深受市民阶层的欢迎。但是，沈雁冰（茅盾）接手任主编后，他的文学观脱离了这一主流，“完全不用他们的稿子，并在《小说月报》上提倡写实主义文学，抨击鸳鸯蝴蝶派，引起他们的怨恨。”（沈雁冰语）沈氏这一行为，名为革新，实为用一批作家，打压另一批作家，或用一种文学观打压另一种文学观，先不说这一革新的对谬，或鸳鸯蝴蝶派和写实主义谁优谁劣，单说沈氏能有这个底气，是因为他是文学研究会的主要成员，稿源不成问题。这样招致的结果就是，坚持没多久，杂志就办不下去了，他只好辞去主编职务。接手这个杂志的，就成了郑振铎，他是文学研究会的另一员干将。郑氏和俞平伯关系很好。俞平伯在接受上海大学聘请后，写作的《读〈毁灭〉》，就发表在1923年8月10日出版的《小说月报》第十四卷第八号上。此外，俞平伯以葺芷缭衡室为名的“读诗札记”，许多重要篇章，也发表在《小说月报》上，当然都是冲着郑氏去的了。另外，他的一些新创作也以《小说月报》为主要阵地，比如在发表《读〈毁灭〉》两个月以后的十号上，又发表了他的新诗《呓语》第十三至第十七首。在同一期上，还发表了俞平伯为《灰色马》作的跋。《灰色马》是一部俄罗斯小说，翻译者正是郑振铎。在跋文中，俞平伯又一次借梦说事：“我前几天做了一个梦。梦儿初醒，迷迷糊糊地想着：我们对于生活，只有三个态度。如生活是顺着我们的，那么我们便享乐它；如果生活是逆着我们的，那么我们便毁坏它；如享乐不得，毁坏不了的时候，那么我们便撇开它。不时自己觉得这种见解颇是明通。但醒清楚了一想，觉得话虽好听，总是梦话。”对于俞平伯关于梦的诗文，我都是有一种说不出的偏爱，他的梦怎么就那么厉害呢？有时候是真梦，但大多数时候是假梦。梦，在俞平伯这

茅盾（1896－1981），原名沈德鸿，字雁冰。浙江嘉兴桐乡人。中国现代作家及文学评论家。常用的笔名有茅盾、玄珠、方璧、止敬、蒲牢、刑天等。

里，成了一种“修辞”的手法，可以说是俞平伯的一大创造。俞平伯还有许多诗文，都陆续发表在后来的《小说月报》上。这与其说是和《小说月报》的关系，还不如说是和文学研究会的关系，更不如说是和郑振铎的关系。1923年5月12日《叶事新报·文学旬刊》上公布了该报《文学旬刊》十二个负责编辑人名单，俞平伯和郑氏都位列其中。他们之间的友情，也如后来大家知道的那样，一直延续到1958年郑氏遇难时为止。

二是和曹聚仁就释《诗经·卷耳》的一场小争论。俞平伯向来不善于和文艺界同行进行争论。两年前，俞平伯的诗论《诗底进化的还原论》发表以后，周作人对文中的某些观点提出疑义，梁实秋的反应则更为激烈，写了一篇《读〈诗底进化的还原论〉》，对俞平伯以“向善”代替“美”为艺术的观点，提出了批评。闻一多和梁实秋是好朋友，经常互相交流关于新诗的评论，闻一多也赞成梁实秋的意见。俞平伯的《冬夜》出版以后，闻一多也写了一篇《〈冬夜〉评论》，批评道："诗本来是个抬高的东西，俞君反拼命底把他往下拉，拉到打铁的抬轿的一般程度。"这句话也是暗指俞平伯所谓的诗是"平民的"的观点。闻一多还认为，"俞君不是没有天才，也不是没有学力"，只是因为有"诗底进化的还原论"的思想，"死死地贴在平凡琐俗的境域里"，才是《冬夜》失误的根本原因。闻一多的话够狠了，直接就认为整整一本《冬夜》都是失误的。而更狠的话还在后面，他断言，如果俞平伯"谬误的主义一天不改掉，虽有天才学力，他的成功还是疑问"。面对这些评批，俞平伯表现得很从容，至少表面上很淡定。就算梁实秋自己出钱，把他和闻一多的两篇评论合为一集，出版了《〈冬夜〉〈草儿〉评论》，俞平伯也没有摆开架势和他们争论，反而在三十年后，忆及《诗底进化的还原论》时，宽慰似的说："以现在看来，论点当然不妥当，但老实说，在我的关于诗歌的各种论文随笔里，它要算比较进步的。"

曹聚仁在俞平伯关于《卷耳》的文章发表后，立即写下一篇文章《论〈卷耳〉诗旨——与平伯先生书》。

俞平伯在论文中，认为《卷耳》前人异说极多，"这都是中了《传》《笺》之毒，套上了一副有色眼镜，故目中天地尽变色了"。俞平伯经过仔细分析、考证后说："此诗作为民间恋歌读……或有当诗人之旨乎？这自然也是臆说，但自以为却不曾去硬转这难转的弯子，其迂曲或稍减于他说。"这篇文章分两次发表于1923年10月15日和22日的《时事新报·文学》上。曹聚仁的《与平伯先生书》就是反驳老师的观点的。那么，在面对曹聚仁的评论时，俞平伯是怎么说的呢？他只不过又写了一篇文章，重申了先前的观点，对曹聚仁的观点"不敢苟同"。曹聚仁毕业于浙江一师，对老师俞平伯十分敬重，他曾在《我与我的世界》里，这样描写过俞平伯："我还记得俞师初到一师时，穿了一件紫红的缎袍，上面罩了一件黑绒马褂，颇有贾宝玉样子，风流潇洒，自是浊世王孙公子。他在一师住得不久，只有半年便离开了。”这段文字，是俞平伯早期形象的重要描写，极其珍贵。俞平伯当时虽然只有二十出头，名士风度已经尽显。要知道，俞平伯当年在一师执教，他的学生有的还比他大，他能镇得住学生，没有点真本事是不行的，和俞平伯同岁的曹聚仁，是这样说的：“俞平伯先生……他的诗词修养，深湛得很，我们还不够来欣赏。”曹聚仁的话虽有尊师客气的意思，也是事实。但在学术风气开放的二十年代，曹聚仁对于老师文章中的观点持不同的意见，还直面提了出来，写成文章讨论，也是一件难得的雅事。和梁实秋一样，曹聚仁后来也出了一本书，把关于《卷耳》的讨论收集在一起，由群众图书公司于 1925 年出版了一本《卷耳讨论集》。

“葺芷缭衡室”时期的俞平伯，正是他创作的旺盛期之一，他不仅写作了《读诗札记》里的大部分篇章，还写作了名篇《桨声灯影里的秦淮河》《陶然亭的雪》等，而且准备重印他喜欢的《浮生六记》，并写了序言；和周作人、朱自清等八人的诗集《雪潮》，也由上海商务印书馆第四次印刷出版。年轻的俞平伯还做了一件极有意义的事，即把 1902 年和曾祖父一起在曲园的合影，铸版印制了数十张，分赠给亲友，鲁迅也得到了一张，是由孙伏园转交的。这一举措才使这张珍贵的照片得以永久保留。1923 年 10 月 15 日，

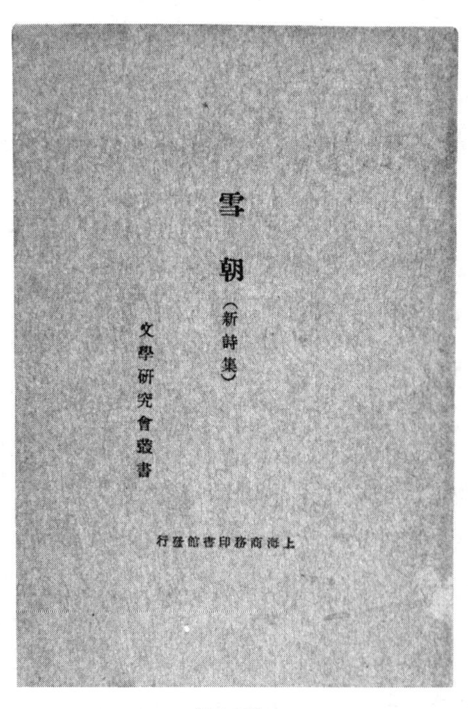

《雪朝》

俞平伯在书房。

俞平伯专门写诗纪念，题为《题重印“俞曲园携曾孙平伯合影”》，诗云：“回头二十一年事，髫髫憨嬉影里收。心境无痕慈照永，右台山麓满松楸。”

俞平伯在上海大学执教时间虽然不长，只有短短的一个学期，却不同寻常，创作、学问双丰收，是他生命华章中极其重要的乐章之一。同时也给我们一个启示：无论是作家的成长或学人的成功，天资固然重要，勤奋更不可或缺。在上海闸北永兴路上，匆匆来去的俞平伯和叶圣陶、王伯祥等文化人交往更为密切，在茸芷缭衡室里，那个如贾宝玉一样风流潇洒的公子哥，并没有如贾宝玉一般沉湎于和女孩斗心眼的小环境里，而是经常地挑灯苦读，彻夜书写……

最后，录俞平伯《永兴路小楼》作结：“为挹余暄拥薄绵，懒妆云髻挂钗钿。瞢腾乍醒秋蛙热，灯火寒明恋似年。”

痴爱“红楼”

1912年夏天的上海，热浪袭人，十三岁的俞平伯和家人一起，客居在一幢老式的石库门寓所。

当时的上海，是中国各种力量角力的场所，包括文化。许多苏州的文化人，在上海或有产业，或有事业，经常往返两地。当然，一有风吹草动，上海也是当时人们首选避难的城市。俞平伯一家，就是因为战乱而来到上海的。

俞平伯从小生活在书香缭绕的环境里，受到严格而正规的旧式教育就无须再说了。但俞家并不守旧封闭，是个开明士绅之家，加之藏书甚丰，除了经史子集各部经典外，也有不少小说戏曲、传奇话本。此时的俞平伯，由父母督课，继续攻读古文，学做诗词，并系统地学习英文和数学，成绩不错，特别是古文诗词，更是找到了问学的门径。也许和他老师周作人十四岁在杭州侍奉祖父时一样，俞平伯每天写一篇策论也是有可能的。但是，这样的读书学习毕竟枯燥乏味。如果放在别人身上，十三岁的年龄正是贪玩的时候，钻钻上海的大小弄堂，跑到城隍庙看看热闹，十里洋场啊，吸引眼球的地方多了去了。但已经养成阅读习惯并对文学产生兴趣的俞平伯，虽也会偶有玩耍，一旦得闲，读几本家中旧藏的唐人传奇、明清话本才是他的最爱，这种半白半文的小说，正适合他这种文化程度的孩子去阅读。通过小说阅读，可以对成人世界有个一知半解的了解。就是在这样的阅读中，他重新“发现”了奇书《红楼梦》。多年以后，俞平伯在《红楼梦辨》的《引论》中说：“那时，我心目的好书，是《西游》《三国》《荡寇志》之类，《红楼梦》算不得什么的。”他还常听人对他姐姐说：“《红楼梦》是不可不读的。”俞平伯听了这样的话，感到他们是“煞有介事”，“不禁失笑”，俞平伯甚至还觉得说这话的人很傻。但是，当他熟读了《红楼梦》之后，终于发现了书中奇特之处，或许这和他处在青春期有关吧。

俞平伯的作品《红楼梦辨》。

十三岁的青春少年读《红楼梦》该是什么样的心情？是否被大观园里少男少女们的嬉戏和假里假气的怨仇所感染也未可知，但至少《红楼梦》描写的那些故事，那些人物，那些少男少女的冲动，给他留下的印象是深刻的。因为书中的那些人物和俞平伯此时的年龄十分相仿，青春萌动，精力过人，对成人世界似懂非懂，对少年情感无从把握，也许这时候，一颗“红学”的种子已经埋进了俞平伯治学的土壤，只等适时的雨露滋润即可茁壮成长了。

从初读《红楼梦》到1915年考上北京大学这三年时间里，想必俞平伯还多次翻看过这部奇书。《红楼梦》确是一部需要也值得反复阅读的巨著，特别是前八十回，倾注了曹雪芹毕生的心血，把那个时代多重俞平伯的书法《咏红梦》。

的社会现象浓缩于一册。

俞平伯对《红楼梦》研究产生浓厚兴趣，专心写出“红学”研究的开山之作《红楼梦辨》，是因为当时北大的研究学风起了大作用，也就是说，北大教授胡适之先生的古典小说教学和研究对他长时间熏陶，产生了巨大的影响，加上少年时期的“红楼梦”情结，以至于在北大读书时，他就着手了这方面的准备——至少是心理和情感上做好了准备。

俞平伯在北大读的是“国学门”，师从国学大师黄侃，还以学生身份参加国文门研究所，和许多著名的老师一起，参与古典文学研究，这在当时是很了不起的。进入高年级的俞平伯，确定的研究科目是小说，指导他的老师是周作人、胡适和刘半农，都是承载盛名的大师。虽然俞平伯和顾颉刚之间关于《红楼梦》研究的通信是几年以后的事，但在胡适当时的古典小说研究中，必有《红楼梦》，胡适也少不了在课堂上讲及《红楼梦》。我觉得，胡适的小说研究和研究方法，不但对俞平伯有影响，而且影响很大。另外，时任北大校长的蔡元培，在 1917 年 9 月，出版了《石头记索引》。俞平伯和同学们一样，在私下里谈论这本“红学”

蔡元培（1868－1940），字鹤卿，又字仲申、民友、孑民，乳名阿培，并曾化名蔡振、周子余，浙江绍兴山阴县（今浙江绍兴）人。近代革命家、教育家、政治家，也是我国近代民族学研究的先驱。

新著，对校长的论点并不感冒。也许就在这时候，埋藏在俞平伯心中的那颗“红学”种子，开始了真正的萌芽，也许就在这时，俞平伯和这部中国古典文学名著结下了终生之缘。

我在苏州马医科巷俞樾故居参观时，特意走进了俞家的琴房。俞家的琴房叫“艮宧”，是两间不大的小房。俞平伯小时候，常和姐姐妹妹们来琴房弹琴唱曲。俞平伯的表亲也常来曲园游玩，唱曲是少不了的，其中就有他表姐许宝驯。受家学影响，这位比他大四五岁的表姐，能诗会画，还善书法，更擅长弹琴唱曲。除了唱曲、读书、做诗、绘画，其余时间，他们也常常在曲园玩耍，捉迷藏、做游戏，这样的场面和《红楼梦》里的某些场景十分契合。俞平伯后来读《红楼梦》，情不自禁会想起童年少年时的曲园生活，会把曲园和大观园两相对照，可以想象，这也是催生他研究《红楼梦》的另一个诱因吧。

1919 年底，俞平伯从北京大学毕业。和那时候的许多青年知识分子一样，留洋是一条必走之路。试想一下，在中国著名学府毕业后，再有一顶外国硕士或博士的帽子，就有可能在学术界走红了。就像《围城》里的三吕大学某教授那样，至少可以在同事前炫耀，也可飞扬跋扈一番。但是从俞平伯一生所走的道路看，他出国的初衷并不是要附庸风雅，而是要学得一身真本领的，在《别她》的诗里，俞平伯表达了留洋是要寻找救国之路的一决心。所以北大一毕业，他就离开北京温馨、和谐的家，到上海积极准备去了。当然，去上海途中的俞平伯，对北京还是恋恋不舍的，毕竟这里有他的父母，还有爱人和孩子，他在当年 12 月 24 日写的《和你撒手》诗中，就隐约流露出一丝离别的愁绪。十天以后，他从上海出发，踏上了去英国留学的旅程，和他同船的是好同学傅斯年。俞平伯的行囊中都带些什么书，不得而知，但至少有《西游记》《水浒传》《红楼梦》和张惠言的《词选》。船上的生活是枯燥的，好在读书可以打发许多时光，何况是一部久读不厌的《红楼梦》呢，又何况还有好同学来共同讨论呢？

在船上，傅斯年倒并不感到太寂寞，他在给校长蔡元培的信中说："船上的中国旅客，连平伯兄和我，共八人，也不算寂寞了。但在北大的环境住惯了的人，出来到别处，总觉得有点触目不快；所以每天总不过和平伯闲谈，看看不费力气的书就是了。在大学时还不满意，出来便又要想他，煞是可笑的事！平伯和斯年海行很好，丝毫晕船也不觉得。"他俩所读的不费力气的书当然不止《红楼梦》，但主要的应该就是《红楼梦》了。他二人不但都细读了，而且还细谈了。后来俞平伯在《〈红楼梦辨〉引论》中回忆道："孟真（傅斯年，字孟真）每以文学的眼光来批评他，时有妙论，我遂能深一层了解这书底意义、价值。但虽然如此，却还没有系统的研究底兴味。"但无论怎么说，这次海上西行的空闲，正好给俞平伯打下了研究《红楼梦》的基础。由此还可看出，他搞上红学研究，开始就只是打发空闲，并不是当学问来研究的。

（王湜华著《红学才子俞平伯》，北京大学出版社 2006 年 12 月第一版）

王先生这段话里的最后一句，我同意一半。俞平伯在船上读《红楼梦》，并和傅斯年细致地讨论，固然有“打发空闲”的因素，但孟真的“时有妙论”，“我遂能深一层了解这书底意义、价值”，这不是研究又是什么呢？至于“没有系统的研究兴味”，这不过是谦词罢了，说“没有系统的研究”，就是研究，说没有“兴味”，就是有兴味。

无论如何，这次船上的共读“红楼”，讨论“红楼”，都算是正式研究的开始。

当然，俞平伯这次留学经历是短暂的，不算路上的天数，在英国只呆了十三天。个中原因，表面上是因为英国货币涨价，实际上是想家了，这里不去细说，只说俞平伯从欧洲回国后，立即投入到火热的新文学运动中来，创作了大量的白话诗。这些新诗大都收入后来由上海亚东图书馆 1922 年出版的诗集《冬夜》中。就在他热情高涨地进行各种题材的文学创作时，蔡元培的《石头记索引》于 1921 年出到了第六版，该版有篇自序，副题是《对于胡适之先生〈红楼梦考证〉之商榷》。俞平伯读到了这篇文章，感触很深，这和他与傅斯年在海船上“研究”、

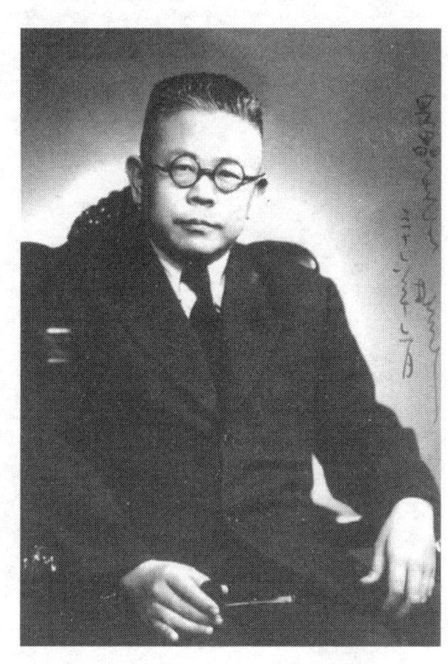

傅斯年（1896－1950），字孟真，山东聊城人，祖籍江西永丰。历史学家、学术领导人、五四运动学生领袖之一、中央研究院历史语言研究所的创办者。

理解的《红楼梦》完全是两种思路，便兴笔写了一篇文章——《对于〈石头记索引第六版自序〉的批评》，对蔡元培的自序进行了批评。恰在这时，胡适先生正“发布他底《红楼梦考证》”，加之“我友顾颉刚先亦努力于《红楼梦》研究，于是，沉寂在俞平伯心中很久的“红楼”情结开始巨浪翻滚，他开始和顾颉刚就《红楼梦》研究进行频繁通信。当1922年3月7日，《时事新报·学灯》上发表俞平伯题为《对于〈石头记索引第六版自序〉的批评》时，事实上他已经成为《红楼梦》研究的一员了。“此时，俞平伯与顾颉刚讨论《红楼梦》的通信已积攒了很多。1922年4月中旬，俞平伯特地从杭州去苏州看望顾颉刚，和他商量是否把来回的信件编成一部辨证《红楼梦》的书。而此时顾颉刚太忙，实在没时间来编书。于是二人决定由俞平伯一个人来编这部书。俞平伯将来回的信件全部带回杭州，‘答应回去后立刻起草，到5月底已经做成了一半’。7月初，《红楼梦辨》一书的初稿已完成，共分3卷17篇。他自己希望此书能尽两种责任：‘一是游人游山地向导，使读者从别方

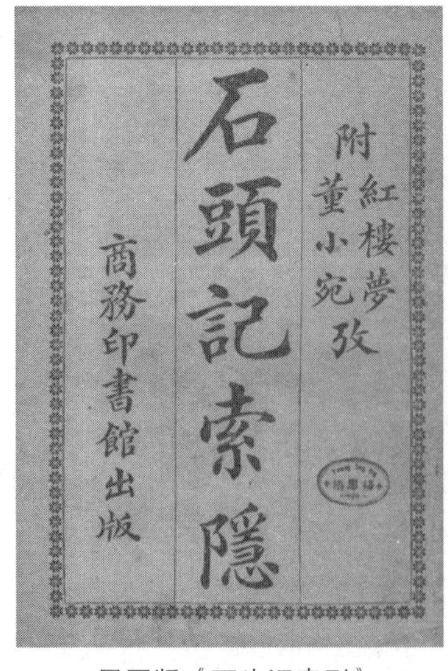

民国版《石头记索引》

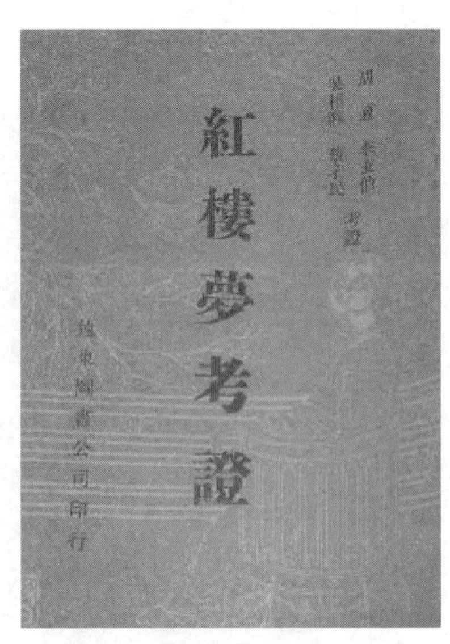

《红楼梦考证》

面知道《红楼梦》作者的生平，帮助读者对于作品作更进一层的了解。二是做一个扫除荆榛、荡瑕涤秽的人，使读者得恢复赏鉴的能力，认识《红楼梦》的庐山真面。’这两个目的当然是达到了，不但如此，还开创了新红学研究的先河。”（王湜华著《红学才子俞平伯》，北京大学出版社 2006 年 12 月第一版）

2013 年新年正月，我在北京东五环外的五里桥像素小区，翻读新到的《红楼梦辨》时，心中的感受真是五味杂陈。这些年来，我私心里一直以为，研究《红楼梦》实在不是俞平伯这样的大才子干的事，他应该是一个诗人气质的大学问家。他研究《红楼梦》，尽管是发自内心的喜欢，没有人强迫他做，但那时他毕竟太年轻，《红楼梦辨》初版时，他才二十二三岁。我很赞同张中行先生的话：“俞先生，放在古今的人群中，是其学可及，其才难及。”俞平伯有大才，但一生未尽其才。这固然是和他所处的时代有关，同时也和他的气质秉性分不开。是啊，人生有许多个赶不上！俞平伯没有赶上最能让他发挥才华的时代，没有成为一个大诗人，大学问家，而“红学”刚一发轫，就让他阴错阳差地赶上了。

在集中精力写作《红楼梦辨》的同时，俞平伯还写了几篇关于《红楼梦》的札记。1922 年 5 月 13 日，他创作了《唐六如与林黛玉》，文中认为，《红楼梦》中的黛玉葬花故事，系受唐六如的暗示：“《红楼梦》虽是部奇书，却也不是劈空而来的奇书。他底有所因，有所本，并不足以损他底身价，反可以形成真的伟大。”三天后的夜里，在阅读江顺怡的《读〈红梦梦〉杂记》后，颇有感触，俞平伯遂写了一篇《读〈红楼梦杂记〉选粹》，肯定了江氏的评论：“开正当研究《红楼梦》的先路。他屏去一切的传说，从本书上着眼，汇观其大意；虽寥寥的几页书，已使我们十分的敬佩了。”后来他又作《〈红楼梦〉底年表》《记〈红楼复梦〉》等。总之，从动议创作《红楼梦》研究文章开始，到 1922 年夏天赴美国考察前，短短的时间里，他的主要精力全都用在《红楼梦》研究和写作上。

俞平伯的才华在《红楼梦》研究上得到了充分的展示，可以说他没费多少心力，仅凭自己的才华和积累，最多再加上和几个师友的交流中得到的启发，就完成了划时代的《红楼梦研究》，从而奠定了他在这一领域的权威地位。

湖秀山灵杭州忆

从1920年4月开始，俞平伯正式居住在杭州，直到1924年12月中旬，才携家小回北京老君堂。其间，虽有数次出游，或到北京家中短暂小住，或在上海教书，生活的主体却一直是在杭州。杭州留下了他太多的美好记忆。俞平伯的散文集《燕知草》所收的几十篇散文，全部是关于杭州的事情。这些散文，除了历年写就的大部分而外，其他小部分篇目集中写作于1928年夏季。如果从写序那天开始算起，这本书的正式编辑，应该动手于2月28日。那天，俞平伯作了《燕知草·自序》。《自序》第一句即开宗明义："'浮生若梦为何几欢？'真一句老话，然而不说是梦又说是什么呢？"书名的出处，在《月下老人祠下》中可以找到，演绎自作者的一首七绝："君忆南湖荡桨时，老人祠下共寻诗。而今陌上花开日，就有将雏旧燕知。"诗有情有致，蕴藏着极深的感慨，和俞平伯一贯的诗风相吻合。截取"燕知"做书名，意在流连过去的光景，缅怀往日的情思。序中还说："昔年以梦犹真者，今且以真做

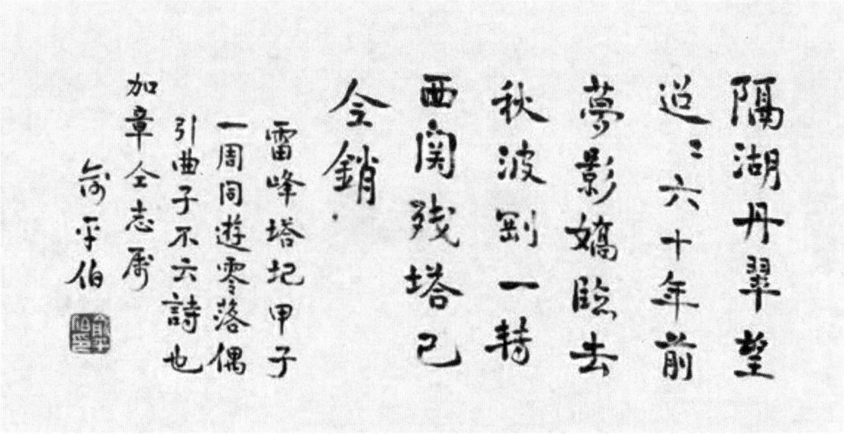

丰子恺绘“雷峰回忆”，俞平伯把此画放进诗文集《燕知草》中做插图。

梦，是非孰辨之耶？惟昔日之我与今日之我不同也……追挽已逝的流光，珍重当前之欢乐，两无著落以究竟将无所得也。”其忧神伤逝之情溢于言表。

其实，俞平伯序中所说的“真做梦”，并非生活中所做的梦。虽然他也记过梦，写过多篇关于梦的短文和诗词，更出版过《古槐梦遇》等书。但这次的“梦”，是指昔年居住杭州的往事。直到老年，提到《燕知草》时，俞平伯还说，书中所写，“皆回忆浙杭踪迹，以珍惜这段年青时生活。”（孙玉容著《俞平伯散文选集·序》）

在《燕知草·自序》里，俞平伯“一而再，再而三，而四五，而七八，叨叨絮絮”地讲述这些往事，“犹说梦者强人从彼于梦中也。”所以说，俞平伯对这本散文集的写作，是早就定下调子的。1928 年 5 月 27 日，俞平伯一口气写了两篇文章，一篇是《坚匏别墅的碧桃与枫叶——呈佩弦兄》，另一篇是《出卖信纸》。在前一篇文章中，正如副题所说，是写给朱自清看的，记叙的是和朱自清一起看桃花、看枫叶的事。《出卖信纸》记叙的是和表兄弟们之间发生的一件近乎玩笑的往事，当时他们带着一种“旧版新印的信笺”，到站城去“沿门叫卖”。这种信纸的影印件还收在初版的《燕知草》里，是一张俞樾制的“仿苍颉篇六十字为一章”的信笺。俞平伯后来和友朋往来书信时，多次使用过，《周作人俞平伯往来书札影真》（北京图书馆出版社 1999 年 6 月版）里收有这种信笺写的信。在这篇文章中，俞平伯说 ：“旧梦可笑的很多，却不知怎的，总喜欢挑有感伤味的去写，真是不很长进的习气。难道你感伤了他便肃然，一顽皮将使人不敬吗？我想，我是不至于，至少我也要这般说。——无非是感伤的材料，在忆中较突兀而已。”两篇文章的调子和以前确定的本书调子如出一辙。接下来，从 5 月 29 日到 8 月 21 日，俞平伯一连写了《冬晚的别》《打橘子》《稚翠和她情人的故事》《重来之“日”》《自从一别到今朝八解》《重过西园马头》等多篇，这段时间，他在和周作人的通信中，还请周作人为《燕知草》作序，并把全书目录呈给周作人过目。周作人也答应为《燕知草》“说几句话”。这本书出版于 1930 年，分上下两册，磁青纸封面，线装，其中《自序》《自从一别到今朝八解》《偕游灵隐寺归鞭一套》等几篇是据手迹影印的。

一本书都写杭州，可见杭州对于俞平伯的意义了。那么，杭州给俞平伯的是什么样的印象和记忆呢？在《芝田留梦记》里，俞平伯有过追忆 ：“在杭州小住，便忽忽六年矣。城市的喧阗，湖山的清丽，或

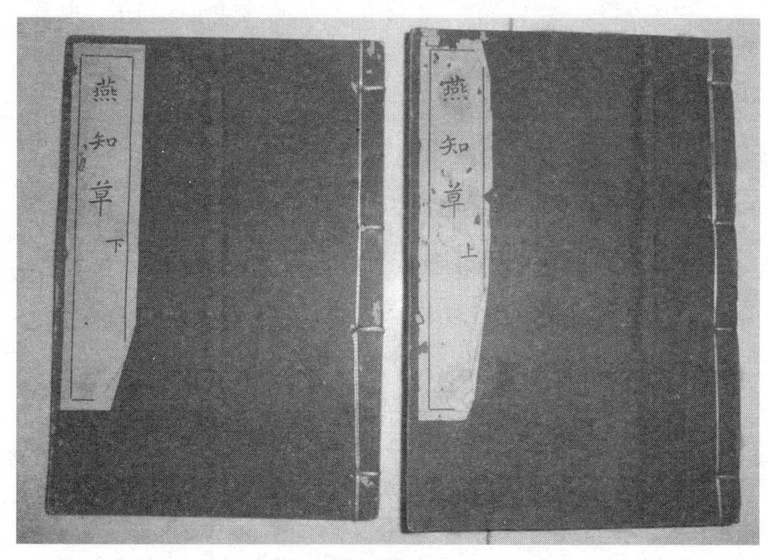

《燕知草》

可以说尽情领略过了。其间也有无数的悲欢离合，如微尘一般的在跳跃着。于这一意义上可以称我为杭州人了。最后的一年，索性移家湖上，也看六七度的圆月。至于朝晖暮霭，日日相逢，却不可数计。”此话已经非常明白了。文人与一城一地的相契相生，俞平伯与杭州的气息同呼，或可与沈从文之于凤凰，老舍之于北京，福克纳之于“邮票大的南方乡村”，张爱玲之于上海，白先勇之于台北相提并论了。但，俞平伯却有不一样的体验。仅从《芝田留梦记》中，就可以感受到作者那难解的情怀 ：“江南的寒雨说有特具的丰神，如您久住江南的必将许我为知言。它的好处，一言蔽之，是能彻心彻骨的洗涤您。不但使你感着冷，且使它的冷从你骨髓里透泄出来。所剩下几微的烦冤热痛都一丝一缕地蒸腾尽了，唯有一味是清，二味是冷，与你同在。你感着悲哀了。

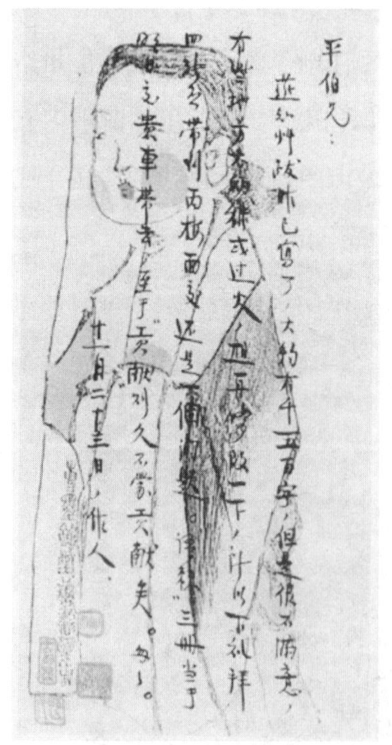
平伯兄：
燕知草跋昨已寫了，大約有千五百字，但是很不滿意，[illegible]
十一月二十三日，作人

1928年11月23日，周作人写给俞平伯的手札。

原来我们的悲哀，名说而已，大半夹杂了许多烦恼。只有经过江南兼旬的寒雨洗濯后的身心，方才能体验得一种发浅碧色，纯净如水晶的悲哀。这是在北方睡热炕，喝白干，吃爆羊肉的人所难得了解的，他们将哂为南蛮子的癖气。”“我宁耐着心情，不厌百回读似的细听江南的雨，尤其是洒落在枯叶上的寒雨，尤其是在夜分或平旦乍醒的时光，听那雨声的间歇和突发。”“江南之子哟，你应当认识并应当 appreciate 那江南。秋风来时，苍凉悲劲中，终含蓄着一种入骨的袅娜。你侧着耳，听落叶的嘶叫确是这般的委婉而凄抑，就领会到西风渡江

俞楼

后的情致了。一样的摇落，在北方是干脆，在我们那里是缠绵呢。”如果不是篇幅的限制，我真想把全文抄录于此。这篇文章已经把江南的环境写尽写透了。江南风光意绪，有诗人的委婉，也有志士的悲凉。俞平伯居于湖上，有湖居的清闲，湖居的凄恻，所以他的感受才是如此地真切。

说到俞平伯的杭州情结，不能不说俞楼，也不能不说俞樾。

俞楼在西湖畔西泠桥侧孤山脚下，紧挨着“六一泉”，是一处非常曼妙的地方。绿树掩映中，是一幢两层三开间的中式楼房，院内“叠石成峰，花木扶疏，小池湛波，亭廊毗接，书香浓郁，清幽雅洁”。有好事者曾为俞楼题有一联，云：

千古一诗人，文章有交神有道；
五湖三亩宅，青山为屋水为邻。

俞楼的前身，是著名的“诂经精舍”，俞樾在这里主持讲习达三十年之久。但是“诂经精舍”一度毁于战乱。一生清贫的俞樾无钱修复，他的学生看不下去，筹资在原址旁重新修建，并“集花卉竹石、书简梅鹤”于楼内。后来，陆续又有友人帮助增建，渐成规模。因为此楼是仿苏州曲园而建，又被称为“小曲园”。为感激弟子、朋友的厚意，俞樾还自书一联，悬于楼前：“合名臣名士，为我筑楼，不待五百年后，此楼成矣；傍山北山南，循地选胜，适在六一泉侧，其胜如何。”感激、喜悦之情，透于文字间。老人家还赋诗一首：“桥边香冢邻苏小，山上吟庵伴老坡。多谢门墙诸弟子，为余辛苦辟行窝。”新楼落成当天，杭州名流纷纷撰写楹联，以示祝贺，有名的有两副：

把酒贺湖山，喜六一泉旁，又有名流分半席；
研经多岁月，看三百卷后，更传杂纂到千秋。

楼以姓传，万里关山来后学；
地因人杰，一湖风月属先生。

这些楹联意境深远，文采飞扬，情景交融。可以想见，谦和儒雅的学术大师，居住在清幽的西湖山水畔，或者说，西湖山水畔有这么一位

俞曲园纪念馆，浙江杭州西湖区后孤山路1号。

儒雅的饱学之士，难道不正应了地灵人杰的古话么？同时也可见，当年俞楼的兴建，在文化学术界的盛况了。

俞樾（1821－1907），字荫甫，号曲园，浙江德清人，清末朴学大师。

俞楼建好后，曲园老先生于1878年2月携姚氏夫人正式入住。同时，老先生照例把俞楼当作讲学之所。一时间，俞楼出入皆鸿儒，成为杭州文人墨客的聚集中心。

俞樾晚年告老回苏州后，家人很少再到西湖。人去楼空，木结构建筑渐渐腐烂破损，楼前的假山叠石也时有崩塌，名噪一时的湖楼竟成危楼。直到1920年，俞曲园的亲友才重筹资金，在原楼址造了一座青砖实叠、黑瓦坡顶、四面开窗的中西结合式三层楼房；同时，把园中的花木、楼后的曲廊、山上的小榭、四周的围墙等也重新布置、砌造，内外装饰一新。但是，俞家人却并没有来住。直到1924年3月31日，才改变了这里的沉寂。这一天，对于俞平伯来说极不平常，他举家从杭州城里的城头巷搬进了西湖俞楼。搬进祖宅的俞平伯心情极为亢奋，彻夜不眠也是有可能的。才思过人的俞平伯，开始酝酿、构思，第二天，便开始写作，到4月14日，俞平伯一口气作了五篇散文，《春晨》《绯桃花下的轻音》《楼头一瞬》《日本樱花》《西泠桥上卖甘蔗》，辑名为《湖楼小撷》。可以想象，在短短的半个月里，进出俞楼的俞平伯是多么惬意而快乐啊！五篇文章，虽然不长，所写内容，或

1917－1919年，浙江杭州，老雷峰塔。

所用材料，却是只有在俞楼才可拥有的。换句话说，如果不是搬迁进俞楼，俞平伯也不会有这篇文章的构思和写作，也不会在杭州传统节日的六月十八日夜，荡舟西湖，游览夜景，并写出名篇《西湖的六月十八日夜》。同样地，他也就不会有机会在家里观看雷峰塔一点点倒塌的全过程，并适时地随船近观，写出《记西湖雷峰塔发见的塔砖与经文》。

如前所述，杭州之于俞平伯，或俞平伯之于杭州，一部《燕知草》便可尽收眼底。这部书稿，如前所述，除1928年夏天集中写的几篇外，大部分文章在这之前就已写就，比如上面提到的《湖楼小撷》《西湖的六月十八日夜》《芝田留梦记》，还有《城站》《清河坊》《眠月》《雪晚归船》等名篇，都写于1928年之前。俞平伯在编辑散文集《杂伴儿》时，并没有把这些关于杭州的散文收进集子，而是早有"预谋"要专出一本关于杭州的书。这都说明杭州在俞平伯心中的位置是何等地重要。可以说，杭州的美，已经深入俞平伯的心灵和血液里了。仅从《湖楼小撷》的描写来看，就能知道俞平伯细腻的笔端流出的文字，是如何地如诗如画，色彩斑斓，请看第一篇《春晨》：

这是我们初入居湖楼后的第一个春晨。昨儿乍来，便整整下了半宵潺湲的雨。今儿醒后，从疏疏朗朗的白罗帐里，窥见山上绛桃花的繁蕊，陡然的明艳欲流。因她尽迷离于醒睡之间，我只得独自的抽身而起。

今朝待醒的时光，耳际再不闻沉厉的厂笛和慌忙的校钟，唯有聒碎妙闲的鸟声一片，密接着恋枕依衾的甜梦。人说“鸟啼惊梦”；其实这样说，梦未免太不坚牢，而鸟语也未免太响亮些了。我只以为梦的惺忪破后，始则耳有所闻，继则目有所见。这倒是较真确的呢。

记得我们来时，桃枝上犹满缀以绛紫色的小蕊，不料夜来过了一场雨，便有半株绯赤的繁英了。“小楼一夜听春雨，深巷明朝卖杏花。”可见自来春光虽半是冉冉而来，却也尽有翩翩而集的。来时且不免如此的匆匆；设想它的去时，即使万幸不再添几分的局促，也总是一例的了。此何必待委地沾泥，方始怅惜绯红的妖冶尽成虚掷了呢。谁都得感怅惘与珍重之两无是处。只是山后桃花似乎没有觉得，冒着肥雨欣然半开了。我独瞅着这一树绯桃，在方檽内彷徨着。即如此，度过湖楼小住的第一个春晨。

一九二四，四，一。

这可是搬来的第一个清晨啊，作者的观感就如此的真切细微！通篇读来，气韵相连，典雅清丽，遣词造句，款款而细微，从容、富丽，透出书香人家的雍容华贵。而春来后的西湖碧水畔，那一湾雨后桃红，借俞平伯婉曲的笔致，仿佛一幅明人小品画，值得慢慢去品，慢慢去悟。没有相当的文化修养和旧学根基，就算你和俞平伯住在同一环境中，也难以写出这样的文字。话再说回来，就算你有这样的修养和根基，也难有俞平伯这样的禀赋、气质和性情，写出来的东西不免会干巴枯燥或走入另端。

搬进老宅的俞平伯，在他耳际，不再是沉厉的厂笛和慌忙的校钟，也不再是嘈杂的市声和拥挤的街巷，而是开阔的视野、满湖满山的美景和聒碎妙闲的鸟声。在平常的日子里，人们忙于劳作，忙于应酬，谁会去感觉春天的信息？只有在身心完全放松、自由的情境下，才会惊喜于自然界的细小变化。俞平伯于清晨初醒时分，想到了陆游的诗：“小楼一夜听春雨，深巷明朝卖杏花。”也想到陆诗里所描写的那种清丽的音韵，想到诗里的春雨初晴和湖光水色，想到落红成阵的景象中，伤春、惜春的怅惘之情。但俞平伯并没有沉溺进去，而是不落前人窠臼，感叹“何必待委地沾泥，方始怅惜绯红的妖冶尽成虚掷了呢”！

第二篇《绯桃花下的轻阴》也是浓墨重彩的描写：“桃花仿佛茜红色的嫁衣裳，轻阴仿佛碾珠作尘的柔冥。它们固各有可独立之荚，但是合拢来却另见一种新生的韶秀。桃花的粉霞妆被薄阴梳拢上了，无论浓也罢，淡也罢，总像无有不恰好的。姿媚横溢全在离合之间，这不但耐看而已，简直是腻人去想。但亦自知这种迷眩的神情，终久不会在我笔下舌端留余其万一的。反正今天，桃花犹开着，春阴也未消散，不妨自去领略它们悄默中的言说，再说一句，即使今年春尽，还有来年哩。‘青山不改，绿水长流。’湖上春光来时的双荚，将永永和‘孩子们’追嬉觅笑。尊贵的先生们，请千万不要厌弃这个称呼哟！虽说有限的酣恣，亦是有限的酸辛；但酸辛滋味毕竟要长哩。正在春阴里的，正在桃花下的孩子们，你们自珍重，你们自爱惜！否则春阴中恐不免要夹着飘洒萧疏的泪雨，而桃树下将有成阵的残红了。你们如真不信，你们且觑着罢。春口王一度，已少了一度。明年春阴挽着桃花姊妹们的赤贞红的手重来湖上，你们可不是今年的你们了，它们自然也不是今年的它们了。一切全都是新的。惟我的心一味的怯怯无归，垂垂的待老了。”再也没有这样情感深切而委婉的描写了，从这些文字中，我们才真正感受到什么是惜春、伤春的心怀，什么是珍惜、自重的理念。

这样的例子在《燕知草》的篇章中，可以说是俯拾皆是。或抒发性灵，描景状物，或细腻绵密，文思郁勃，或触景生情，若有所悟，就算是《打橘子》一文里，回忆少年时在杭州城头巷三号朱老太爷的花园打橘子的情景，也是“亲切中又透着若干凄凉”，描写的也是一种飘忽的思绪。

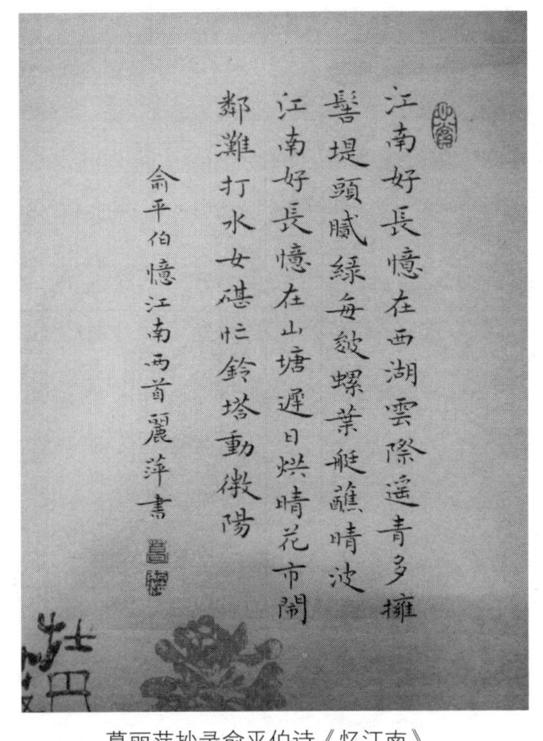

葛丽萍抄录俞平伯诗《忆江南》。

俞平伯居杭时间虽然不长，但是他文学创作中的重要篇章，大都是在这一段时间里写出来的。新诗集《冬夜》（上海亚东图书馆 1922 年 3 月版）、《西还》（上海亚东图书馆 1924 年 4 月版），还有散文集《杂拌儿》（上海开明书店 1928 年 8 月版）和《燕知草》（上海开明书店 1928 年 12 月版），这些书中的诗文，不是在杭州写的，就是关涉杭州的景物与人事。当然还有大量的诗词和他的名著《红楼梦辨》，也都是完稿于杭州。杭州这段时期，是他一生里为数甚少的学术和文学创作的“井喷期”。那么，我们可不可以说，美丽的西子湖畔，更适合俞平伯的性格和才情呢？即便是 1925 年 12 月中旬，全家迁居北京，他也早早就在致顾颉刚的信中，说出搬家的原委：“如京行实现，虽去湖山之美，颇有朋友之乐，足以相尝也。”其实，搬进北京，还有另一层更深的原因，即是父母都住在老君堂。

在杭州和此后的许多日子里，俞平伯没忘记用诗来书写杭州，收在《冬夜》《西还》里的许多新诗不必说了，就是古典诗词，也有多首，如《杭州杂咏》，共有五首：

闲　庭

紫陌轻阴腻欲流，只愁风雨不知愁。
闲庭今日花开好，自把湘帘上玉钩。

题桃花写生

眉角脂饧着汗融，钗梁微侧翠玲珑。
窗前灯影清如许，写与秾姿一味红。

西泠早春

桥头曳杖暂行吟，髫子青罗染薄阴。
欲讨轻舟泛寒渌，不知春涨一时深。

湖　上

湖上春晴向晚余，一杯匀挹紫流霞。
微阳已是无多恋，更许遥青著意遮。

白沙堤见儿童戏掷折枝桃花

淡黄柳色来堤上，绯玉桃枝出短墙。
谁把轻柔与尘土，从他飘落去茫茫。

还有《江南二月》《别杭寓池边白碧桃》《春游灵隐寺归途》《西湖之夜》《枕上忆杭州二律句》《西关砖塔塔砖歌》等等，举不胜举，仅《俞平伯旧体诗抄》里就可搜寻多首，还有哪一座城市让他有这么多的歌咏呢？

拉拉杂杂说了这么多，如果对我叙述的俞平伯的杭州情结还不能信服的话，只好请你重读俞平伯的好朋友朱自清为《燕知草》所作的序了，来看看朱自清笔下的俞平伯和他对杭州的情怀吧：

“想当年”一例是要有多少感慨或惋惜的，这本书也正如此。《燕知草》的名字是从作者的诗句“而今陌上花开日，应有将雏旧燕知”而来；这两句话以平淡的面目，遮掩着那一往的深情，明眼人自会看出。书中所写，全是杭州的事；你若到过杭州，只看了目录，也便可约略知道的。

杭州是历史上的名都，西湖更为古今中外所称道；画意诗情，差不多俯拾即是。所以这本书若可以说有多少的诗味，那也是很自然的。西湖这地方，春夏秋冬，阴晴雨雪，风晨月夜，各有各的样子，各有各的味儿，取之不竭，受用不穷；加上绵延起伏的群山，错落隐现的胜迹，足够教你流连忘返。

难怪平伯会在大洋里想着，会在睡梦里惦着！但“杭州城里”，在我们看，除了吴山，竟没有一毫可留恋的地方。像清河坊，城站，终日是喧闹的市声，想起来只会头晕罢了；居然也能引出平伯的那样怅惘的文字来，乍看真有些不可思议似的。

其实也并不奇，你若细味全书，便知他处处在写杭州，而所着眼的处处不是杭州。不错，他惦着杭州；但为什么与众不同地那样粘着地惦着？他在《清河坊》中也曾约略说起；这正因杭州而外，他意中还有几个人在——大半因了这几个人，杭州才觉可爱的。好风景固然可以打动人心，但若得几个情投意合的人，相与徜徉其间，那才真有味；这时候风景觉得更好。——老实说，就是风景不大好或竟是不好的地方，只要一度有过同心人的踪迹，他们也会老那么惦记着的。他们还能出人意表地说出这种地方的好处；像书中《杭州城站》《清河坊》一类文字，便是如此。再说我在杭州，也待了不少日子，和平伯差不多同时，他去过的地方，我大半也去过；现在就只有淡淡的影像，没有他那迷劲儿。这

老清河坊街景

自然有许多因由，但最重要的，怕还是同在的人的不同吧？这种人并不在多，也不会多。你看这书里所写的，几乎只是和平伯有着几重亲的H君的一家人——平伯夫人也在内；就这几个人，给他一种温暖浓郁的氛围气。他依恋杭州的根源在此，他写这本书的感兴，其实也在此。就是那《塔砖歌》与《陀罗尼经歌》，虽像在发挥着“历史癖与考据癖”，也还是以H君为中心的。

近来有人和我论起平伯，说他的性情行径，有些像明朝人。我知道所谓“明朝人”，是指明末张岱，王思任等一派名士而言。这一派人的特征，我惭愧还不大弄得清楚；借了现在流行的话，大约可以说是“以趣味为主”的吧？他们只要自己好好地受用，什么礼法，什么世故，是满不在乎的。他们的文字也如其人，有着“洒脱”的气息。平伯究竟像这班明朝人不像，我虽不甚知道，但有几件事可以给他说明，你看《梦游》的跋里，岂不是说有两位先生猜那篇文像明朝人做的？平伯的高兴，从字里行间露出。这是自画的供招，可为铁证。标点《陶庵梦忆》，及在那篇跋里对于张岱的向往，可为旁证。而周启明先生《杂拌儿》序里，将现在散文与明朝人的文章，相提并论，也是有力的参考。但我知道平伯并不曾着意去模仿那些人，只是性习有些相近，偶尔暗合罢了；他自己起初是并未以此自期的；若先存了模仿的心，便只有因袭的气氛，没有真情的流露，那倒又不像明朝人了。至于这种名士风是好是坏，合时宜不合时宜，要看你如何着眼；所谓见仁见智，各有不同——像《冬晚的别》《卖信纸》，我就觉得太“感伤”些。平伯原不管那些，我们也不必管；只从这点上去了解他的为人，他的文字，尤其是这本书便好。

这本书有诗，有谣，有曲，有散文，可称五光十色。一个人在一个题目上，这样用了各体的文字抒写，怕还是第一遭吧？我见过一本《水上》，是以西湖为题材的新诗集，但只是新诗一体罢了；这本书才是古怪的综合呢。书中文字颇有浓淡之别。《雪晚归船》以后之作，和《湖楼小撷》《芝田留梦记》等，显然是两个境界。平伯有描写的才力，但向不重视描写。虽不重视，却也不至厌倦，所以还有《湖楼小撷》一类文字。近年来他觉得描写太板滞，太繁缛，太矜持，简直厌倦起来了；他说他要素朴的趣味。《雪晚归船》一类东西便是以这种意态写下来的。这种“夹叙夹议”的体制，却并没有堕入理障中去；因为说得干脆，说得亲切，既不“隔靴搔痒”，又非“悬空八只脚”。这种说理，实也是抒情的一法；我们知道，“抽象”“具体”的标准，有时是不够用的。至于我的欢喜，倒颇难确说，用杭州的事打个比方罢：书中前一类文字，好像昭贤寺的玉佛，雕琢工细，光润洁白；后一类呢，恕我拟不于伦，像吴山四景园驰名的油酥饼——那饼是入口即化，不留渣滓的，而那茶店，据说是“明朝”就有的。

《重过西园码头》这一篇，大约可以当得“奇文”之名。平伯虽是我的老朋友，而赵心馀却决不是，所以无从知其为人。他的文真是“下笔千言离题万里”。所好者，能从万里外一个筋斗翻了回来；“赵”之与“孙”，相去只一间，这倒不足为奇的。所奇者，他的文笔，竟和平伯一样；别是他的私淑弟子罢？其实不但“一样”，他那洞达名理，委曲述怀的地方，有时竟是出蓝胜蓝呢。最奇者，他那些经历，有多少也和平伯雷同！这的的括括可以说是天地间的“无独有偶”了。

呜呼！我们怎能起赵君于九原而细细地问他呢？

十七年十二月十九日晚，北平清华园。

在这篇后记里，朱自清说得很清楚了，到底是知交好友啊，对俞平伯的为文为人都十分地了解，记述也十分精当。

“古槐书屋”今安在

俞平伯当初搬到老君堂七十九号时，误把院中的老榆树当成老槐树，遂把自己的书斋定名为“古槐书屋”。俞平伯出身大户人家，自小过惯了衣来伸手饭来张口的少爷生活，出门也有人陪侍，对稼禾农事知之甚少，槐、榆不分倒是可以理解。可一住几十年，硬是“将错就错”，就体现出公子哥儿的固执秉性了。不是我爱钻牛角尖，每次去北竹杆胡同三十八号瞻仰俞平伯故居时，仰视那棵沧桑高大且枝叶繁茂的老榆树，就会想到树下的古槐书屋，想到书屋里的俞先生，为什么不改“古槐”为“老榆”？我知道，叫“老榆书屋”不是不妥，但在感觉和意境上，就立分高下、差之千里了，其中意会，只可体察。这也是汉语言的高妙之处。再者，也或是好事者误解，俞平伯把书斋命名为“古槐书屋”，并非是因为院中有一棵“古槐树”。话说回来，即便是没有这棵“古槐”，他也照样可以如此命名。当年的北平，遍街槐树，老君堂所处的位置，在朝阳门内大街南面，紧挨老城墙，好听点说，是古雅古香，事实上早已破败。汪兆骞先生在《老君堂胡同》(《北京晚报》2010 年 10 月 13 日)里有这样的描写 :“小时候，一到秋天，我常和小伙伴到朝阳门老城墙去逮蛐蛐和摘酸枣。出遂安伯胡同东口，沿着商铺林立的南小街向北，拐进老君堂西口，穿过胡同到东头城墙根儿，顺着一段坍塌的城墙，爬到顶上去。紫红的酸枣装满兜，蛐蛐卷在纸筒里，然后心满意足地顺原路返家。”有“坍塌的城墙”，有酸枣，有蛐蛐，可见朝阳门城墙一带的衰败气象了。而槐，尤其是北京槐，是中国特有名木。“槐”从木、鬼。鬼从“归”音，人死入土为鬼，所以槐树又称守土树；槐又从“怀”，又有“怀人”“怀念”之意。俞平伯凡居一地，都要给自己的书房命名，无论居住时间长短，都保持这一风雅，如 1923 年 9 月，住在上海闸北永兴路小楼时，自署室名为“葺芷缭衡室”；1930 年 10 月，搬到清华园南院七号，署名“秋荔亭”。老君堂的古槐书屋，无论究竟有没有此屋，是否与院中古树无关系，都不重要了。在俞平伯的心目中，一直有一间“古槐书屋”，直到 1971 年俞平伯从干校回到北京后，古槐书屋也一直沿用。在《古槐书屋词叶遐庵叙》后记中，仍钤有“古槐书屋”印。在香港出版的《古槐书屋词》中，许多作品写于 1971 年之后，而书名依旧。

北京北竹杆胡同俞平伯旧居

2011 年上半年，我因写作在北京小住了几个月，所以有时间到我想去的几个地方看看，比如八道湾十一号周作人故居，比如箭杆胡同二十号陈独秀旧居，比如东堂子胡同沈从文故居（那里什么都没有），还有就是老君堂俞平伯故居。这几个地方，都已经破败得不成样子了，旧居成了大杂院，院子里搭建了形形色色的“垃圾”式建筑，每看一个地方，心里都很不忍。一个城市的繁华不难做到，但保留一个城市的记忆却会很难。现代文学大师的旧居，见证了中国新文学的兴起。毫不夸张地说，现在新建什么样的建筑都不难，而这些文化、思想界名人的故居，是花多少钱都不能复原的。北京建了那么多可有可无的建筑，为什么容不下历史和文化？俞平伯、陈独秀、周作人等人的故居，如果稍加整理，就可以成为一个城市独一无二的文化资源和亮点，甚至串起来，也是不错的一条旅游线路。但是有谁会这样想呢？倒是有一天，在后海一带闲逛，无意间闯进一深宅大院，但见院里古树参天，许多老式建筑修葺一新，高大敞亮，还有假山草地，花木扶疏，游客也不少，心想，这是哪位名人故园呢？稍作打量，心里顿时凉了半截，原来是郭沫若故居。陈独秀以前的住所只能称旧居，周作人故居沾了鲁迅的名气（据说八道湾也面临拆除，被改建成学校），俞平伯故居干脆什么标识都没有，沈从文故居更是早已消失。论对中国文学的贡献和成就，郭氏和这些人相比，都各有千秋，但是对他们故居的保存却是这样的不同！

我第一次来俞平伯故居，是在 2011 年的初夏，由于早就查好了路线，北竹杆胡同并不难找，但寻访俞平伯故居却费了我不少口舌，因为北竹杆巷一带，全是新式建筑，在南小街一个巷口，我问一个修自行车的师傅，他随手一指，说：“往前走，拐弯，到底就是。”可我越走越觉得不像，只好又问一个青年人，他疑惑地看着我，摇摇头。又问一个老太太，她也不知道。在我快要泄气时，老太太又在我身后说：“北竹杆三十八号？是个老院吧？”我笑着答她：“是啊。”估计柳暗花明了。她说：“前头就是。”我欣喜地抬头一看，果然，在高楼的夹缝里，有几间一溜排开的平房。我快步走过去，粗略环视四周，只有这一处破旧的平房，只能是这里了。看来，有关方面还是考虑到文化名人旧居的保

20世纪50年代初，俞平伯与夫人许宝驯于北京。

护的，否则，以它外貌的破败，早该被拆除了。果然，在东院的门上，有“北竹杆胡同38号”的旧铁皮牌，小得只比香烟盒大一点点。我轻舒一口气，先在故居门口徘徊，张望，试图找一找俞平伯当年居住时的感觉。故居门口，是一个新建的公共厕所和一个保安亭，四周被新式居民楼和高层建筑包围，已经面目全非了。好在老榆树还在，树冠很大，伸出了院子的四周，形成一个巨型的伞，枝叶茂盛，有新生的枝条，已经扫着屋脊了。我担心风起树摇时，会把屋脊的小瓦碰碎，细看，还真的有碰坏的地方，心里不禁又担忧起来。俞平伯故居由两个院子组成，都是院门大开，不需敲门，也没有人请，我自己便走了进去。西院一个人都没有，旧有的房舍都在，北房，南房，偏房，形成一个小四合院，院子里搭建的几间平房，大约是二十世纪七十年代的产物，和原有的建筑格格不入。我细细观看，旧有的房舍还是很讲究的，门窗和廊檐都有很精致的砖雕，有祥云、走兽、花卉，南房走廊两端的门楣上，还各有一排民俗图案，可见当年的俞宅是多么地规整典雅。俞平伯住在这里，写诗，唱曲，会朋友，心情是多么愉悦啊！汪兆骞先生在《老君堂胡同》进一步描绘道：“老街坊们说，俞平伯当时三十几岁，圆脸，个头不高，戴一副眼镜，文质彬彬，正是春风得意的时候，常见他在门口微笑着迎迓和恭送客人，成为老君堂街坊引以为荣的一景儿。”

东院相对更为杂乱，各种搭建的小房子挤在院子里，挤出了只有一人才能通过的小巷，小巷里还住着好几户人家，散发着锅碗瓢盆的人间烟火味。一个推着摩托车艰难向后倒车的中年人，很急躁地一边跟老婆争执什么，一边示意我让开。我只能躲到另一个门空里，让他通过。那棵老榆树就在我身边，隔着一堵矮墙，我切近地看着它。老榆树树干有合抱粗，挂一斑驳的小铁牌，写“古树”二字，应该是登记在册，有正式北京“户口”，得到保护了吧？我略感欣慰。

老实说，我这次造访，心里虽然很不痛快，但俞宅毕竟还在，俞平伯的文脉能得以保存下来，对于我们这些“俞迷”来说，可是莫大的安慰了。

再一次来俞平伯故居是在2012年的12月23日，变化不大，但在西院的大门上方，增加了两个监控探头。查日记，有这样一句话：“那棵老榆树还在，枝叶已经落光，依然挺拔伟岸。俞平伯曾在树下拍卖过家中旧物，不知老树还曾记得否。”2013年早春的3月10日，是个星期天，这天有北京难得出现的阳光和蓝天，我因要写这篇文章，加上心里还在惦念，又一次来到了俞平伯故居。还是两边院落走走，看看，那些陈年的老砖老瓦，那些斑驳陆离的墙壁，那些开裂的廊柱，那些雅趣的砖雕，都在陈述着自己的经年往事……

老君堂的“古槐”，实为老榆树。

古槐梦遇

写过一篇关于《古槐书屋今安在》的文章，意犹未尽，忍不住再想谈谈《古槐梦遇》（世界书屋 1936 年 1 月出版）。这是一本随笔集，实际字数不到一万五千字。在俞平伯不算多的文学作品中，《古槐梦遇》也许不算顶顶重要，但却是极有特色的一本书：一是薄，世界书屋出初版本时，那么大的字也只排六十页；二是写作时间跨度长，从 1931 年 9 月开笔，到出版，用了四年多时间；三是梦，事实上，用俞平伯自己的话来说，一百篇随笔中，只有少数几篇是真正的梦，大部分作品事实上就是有感而发的杂感，和周作人《苦茶随笔》里的某些篇章差不多。

俞平伯的作品《古槐梦遇》。

俞平伯喜欢记梦，或以梦来开拓思维写诗做文，这倒是真的。早在1925年写《芝田留梦记》时，在文章末尾就说："1924年11月20日在杭州湖上成梦，1925年2月20日在北京记此。"不久后又写了篇《梦游》。从1930年11月22日写第一篇《让贤公寓里》，到1931年1月11日最后一篇《秦桧的死》，一组共六篇随笔，也是以《梦记》总名。当然，还有诸如《槐屋梦寻》《芝田留梦寻》等，而在其他作品中谈到梦，更是不计其数。他对梦的偏爱，可以说到了入迷的程度，甚至有的文章的题目就是故意为梦而梦的。

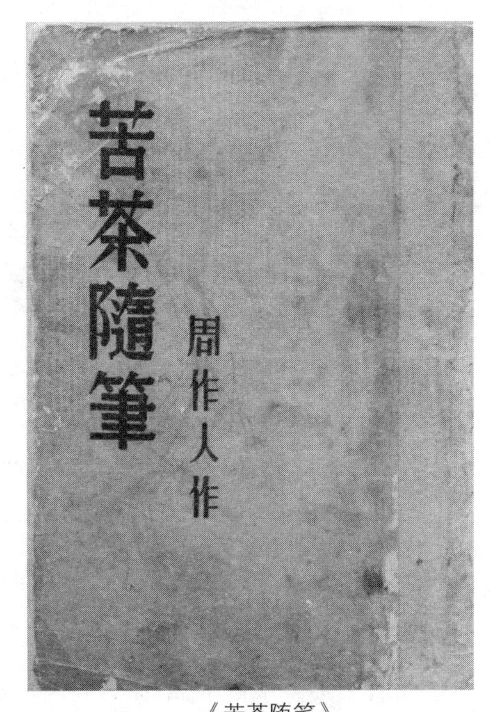

《苦茶随笔》

但是《古槐梦遇》的写作背景和《芝田留梦记》《梦游》《梦记》等诸篇大不一样。1931年9月，在中国历史上，发生了"九·一八"事变，俞平伯和其他正义的知识分子一样，感到极大的震惊和愤慨，他欲指摘时事，又要明哲保身，但对社会现实又极其不满。俞平伯写不出投枪匕首式的檄文，怎么办？只好以梦名篇，委曲抒发对时政的不满和愤世嫉俗之情。

需要说明的是，那一时期的中国知识界，拿梦说事，借梦抒情，可谓比比皆是。章乃器在《我想写一篇小说——二十年一梦》里说："如果梦境是理想的，现实是不是愚蠢呢？理想固然未必完全能实现，但是，智慧至少可以使它大部分得着实现。"《东方杂志》主编胡愈之在

胡愈之（左）和叶圣陶合影。

“说梦”征稿启事中，对东北沦陷和其他社会黑暗发出控诉后，说：“固然，我们对现局不愉快，我们却还有将来，我们诅咒今日，却还有明日。假如白天的现实生活是紧张和闷气的，在这漫长的冬夜里我们至少还可以做一二个甜蜜的舒适的梦。梦是我们所有的神圣权利啊！”周作人在《看云集》中说：“信仰与梦，恋爱与死，也都是上好的麻醉。能够相信宗教和主义，能够做梦，乃是不可多得的幸福的性质，不是人人所能获得。”鲁迅在看到《东方杂志》关于说梦的文章结集后，写了一篇《听说梦》，他在文中说：编者的苦心，“想必以为言论不自由，不如来说梦，而后与其说真话之假，不如来谈谈梦中之真。”鲁迅还认为，编者“却大大地失败了”，因为“做梦是自由的，说梦，就不自由。做梦，是做真梦的，说梦，就难免说谎”。真是一针见血啊！也有人反其道而行之，说“不做梦”。典型的是《论语半月刊》主编林语堂，他说：

我不梦见周公，也很久了。

我不做梦，希望民治实现，人民可以执行选举、复决、罢免之权，只希望人民之财产生命，不致随时被剥夺。

我不做梦，希望监察院行使职权，弹劾大吏，只希望人民可以如封建时代在县衙门击鼓，或是拦舆喊冤。

我不做梦，希望贪官污吏断绝，做官的人不染指，不中饱，只希望染指中饱之余，仍做出一点事迹。

我不做梦，希望政府保护百姓，只希望不乱拆民房，及向农民加息勒还账款。

这就是那个时期的中国知识阶层的“梦”。俞平伯的梦与他们可以说是异曲同工，只是所表达的方式不同而已。《古槐梦遇》的第一则就说：“革命党日少，侦缉队日多，后来所有的革命党都变为侦缉队了。可是革命党的文件呢，队中人语，‘于我们大有用处。’”在这一百则的“梦”中，俞平伯最大限度地发挥了他写作的才华，借用不少典故，也使用不少形式，甚至还有“短剧”。这些随笔，有的总结各朝代的历史经验，有的讲如何做人做事，有的阐述文学观点和艺术主张，还有反对封建迷信、讽刺社会乱象等内容。俞平伯学问深，善于转弯抹角，善于

林语堂（1895–1976），福建龙溪人。原名和乐,后改玉堂，又改语堂。现代作家、学者。

意在言外，所以，他这一百则杂感，非细细品味而不能理解。

俞平伯的作品集，一般都是由师友作序，《古槐梦遇》当然也不例外，由周作人和废名分别作序和小引。周作人在序中说："平伯说，在他书房前有一棵大槐树，故称为古槐书屋。有一天，我走去看他，坐南窗下面甚阴凉，窗外有一棵大树，其大几可蔽牛，其古准此，及我走出院子里一看，则似是大榆树也。"又说："平伯在郊外寓居清华园，有一间秋荔亭，在此刻去看看，必甚佳也，详见其所撰记中。前日见平伯则云将移居，只在此园中而房屋则当换一所也。我时坐车上，回头问平伯曰，有亭乎？答曰，不。曰，荔如何？曰，将来可以有。"关于把榆当槐，我在《古槐书屋今安在》已说了不少，在此不再重复。关于秋荔亭的既无亭也无荔，更可见俞平伯的古雅和可爱。周作人接着为弟子解释说："昔者玄同请太炎先生书急就庼额，太炎先生跋语有云，至其庼则尚未有也。大抵亭轩斋庵之名皆一意境也，有急就而无庼可也，有秋荔有亭而今无亭亦可也，若书屋则宛在，大树密阴，此境地确实可享受也，尚何求哉，而我于此欲强分别槐柳，其不免为痴人乎。"周作人的这番说词，细一品味，也是极可爱的。而废名的小引，则不像周作人那较真之后再做圆通之解，而是直接忽视："我曾有赠师兄一联，其文曰：'可爱春在一古树，相喜年来寸心知。'此一棵树，便是古槐梦遇之古槐也。记不清在哪一年，但一定是我第一次往平伯家里访平伯，别的什么也都不记得，只是平伯送我出大门的时候，指了一棵槐树我看，并说此树比此屋还老，这个情景我总是记得，而且常常对这棵树起一种憧憬。"我挺欣赏废名样的"忽视"，其实他是深谙俞平伯的用意的，无论院中是什么树，或无论院中有没有树，都可以叫古槐书屋。小引最后说："然而平伯命我为他的《古槐梦遇》写一点开场白，我不要拿这些白日的话来煞风景才好。于是我就告诉你们曰，作者实是把他的枕边之物移在纸上，此话起初连我也不相信，因为我的文章都是睁开眼睛做的。有一天我看见他黎明即起，坐在位上，拿了一枝笔，闪一般的闪，一会儿就给一个梦我看了，从此我才相信他的实话。于是我就赞叹一番曰，吾不敢说梦话，拿什么“谪仙”“梦笔”送花红，若君者其所谓不失其赤子之心者乎？愿你多福。废名和南。”

俞平伯的书向来少不了自序。《古槐梦遇》的自序很短，只有五六十个字：“梦醒之间，偶有所遇，遇则记之，初不辨醒耶梦耶，异日追寻，恐自己且茫茫然也，留作灯谜看耳。古槐者不必其地也，姑曰古槐耳。”这篇小序故意取模棱两可说，不辨“醒耶梦耶”，而古槐者也“不必其地也”。此等语调，可以说是与受明人小品里的禅宗哲学的影响。

《古槐梦遇》里的百篇随笔，有长有短，长的不过四五百字，短的只有一句话，至多只是一个闪念而已，文字依然保留他一以贯之的作风，古朴含蓄，意在言外，甚至有些晦涩难懂。但是读者只要联系一下他所处的时代和做人处世的思想，还是不难理解的。

拍　曲

因为组稿，我几次到苏州。每次去，都要探望一下中国昆曲博物馆，品一品昆曲的味道。中国昆曲博物馆坐落在老城区的平江路上，那里原先是全晋会馆，馆内有苏州地区最精美的古戏台。每个周一的下午，这儿都有昆曲表演，票价只要十块钱。我一边听专场的演出，一边又不由得开小差，想着不远处的曲园，想着俞平伯对昆曲的贡献，禁不住心生感慨。

人们了解俞平伯，大多因他是著名红学家、作家、诗人、学者，殊不知，他也是一位昆曲的痴迷者、传承者和呵护人，为昆曲保留一口气息付出过艰辛的努力。

俞平伯早在少年时期，就经常听婉转、优雅的昆曲清唱——俞平伯表姐许宝驯出身名门，是大家闺秀，从父母那里学会昆曲，许宝驯常到俞平伯家玩，和俞平伯的几个姐姐一起唱曲，俞平伯混在她们中间，学上一两句，咿咿呀呀，自得其乐。可能是音腔不够出色吧，他的唱功并没有受到众人的赞赏，但有一点可以肯定，那就是对昆曲他是十分喜欢的——也或许是因为温婉美丽的表姐的原因——爱屋及乌也是人之常情啊！

后来，俞平伯到北京大学读书，暑假里到早已随父母住在天津的许宝驯家玩，大约也没少和表姐交流昆曲吧，反正在这次暑假之行后不久，俞平伯就和比他大四岁多的许宝驯结成秦晋之好，时间是离五四新文化运动还差两年的 1917 年，俞平伯虚岁十八岁。

爱情的力量真是巨大，俞平伯一生爱好昆曲，这与爱情极为相关！俞夫人嗓音好，唱起曲来字正腔圆，并且能填词谱曲。对古典诗词特别迷恋的俞平伯，跟着夫人耳濡目染，唱技想必有所提高，但和出身业余昆曲世家的夫人相比，水平大抵还差一大截，不可同日而语。因此，到了 1919 年上半年，俞平伯北大还没毕业，便虚心向擅长昆曲的吴梅先生问学，跟他学唱曲。俞平伯毕竟从小就听惯了昆曲的腔调，学起来也快，没多久就学会了《南吕宫》《绣带儿》两支曲子。俞平伯音色不美，发音怪怪的，常引得夫人忍不住发笑。笑归笑，夫人还是领着他唱。而大多数时候，都是许夫人唱，他在一边拍曲。所谓拍曲，就是通常所说的打板儿，类似于伴奏。俞平伯的“板子”也是随手拿的，什么都有，有时是镇纸，有时是筷子，就是一枝毛笔，也能拍得有板有眼。

北大毕业后，俞平伯和许多名校毕业的学生一样，也走出国留学的路。但是，俞平伯到了国外，没几天便跑了回来。有人说，他受不了那个苦，没人服侍。我觉得这只是其中一条理由，更大的理由，还是因为爱情——离不开夫人许宝驯，耳边没有夫人婉转的曲声，国外学习条件再好，风景再迷人，也抵消不了思念之情。回到国内，有不错的学术环境，加上深厚的国学底子，照样可以如鱼得水。而更为关键的是，有温柔体贴的夫人陪侍左右，还有曼妙的昆曲，这样美好的生活是断不能缺少的。

1924年冬，俞平伯已经是很有名气的青年学者和新文艺作家了，出版了不少本书。这时候，俞平伯认识了昆曲艺术家陈延甫。陈先生是嘉兴人，精通昆曲三百多折，还能吹笛，是个有大影响的昆曲家。朱复所撰《昆曲笛师陈延甫简历》中，对他的评价极高："幼习昆曲，本工副色，后专擅曲笛，兼长锣鼓。操'拍先'业，其拍曲、司笛恪守'兴工'风范。博学强记、腹笥深厚，如《货郎担·女弹》谱得自于昆曲前辈黄稼寿。曾任嘉兴南门之'南薰社'度曲师，该社由高姓曲友组成，如高季乡、高警时、高志濠、高时杰等，又有老曲家周振甫。"真是一代名师啊！

俞平伯非常敬重陈延甫先生，专门聘请他到北平老君堂家里拍曲，每周两次。这样，俞平伯就有了更多学习昆曲的机会，参与了更多的昆曲演习，学到许多昆曲知识和表演技艺。因此，他的昆曲技艺突飞猛进，各方面知识、技能得到加强，也更加迷恋这门古典高雅的艺术了。

1924年年底，俞平伯从杭州回到北京，他的工作趋于稳定，一直在几所大学教书、填词、做诗、写文章、做研究，准备写作的《红楼梦新论》还没有开笔就被出版家预订了去，还和顾颉刚一起到故宫去整理书画。但再忙，他也会抽时间拍曲。拍曲是他最重要的业余生活了。俞平伯甚至还抽暇填《倾杯赏芙蓉·咏落叶》南曲一首，由刘凤叔为之谱曲，另外和刘凤叔还合作了《偕游灵隐寺归鞭一套》。此后，他还自作自谱了多首曲，如《江儿水·京寓书怀》。我想象着他用怪怪的腔调唱道："绿柳全舒翠，红飞半落苔。感缠绵儿女胭脂态，茫茫歧路莺花界，虚舟来往无牵碍。有修竹天寒人在。旧曲重听，待说与知音能解。"曲美，词美，唱曲人文雅富贵，虽嗓音不好，却也是一种享受啊！这段时间的拍曲，是俞平伯重要抑或说唯一的业余生活，虽然无详细的资料记载，但从零星信息中足可看出大致面貌来。比如1927年12月14日，周作人在致江绍原的信中，谈到俞平伯时，有这样的话："平伯在京，一如曩昔，闻佩弦说他仍很热心于拍曲，可以想见他的兴趣不减于当初。”这段话里透出多种信息，涉及拍曲也有三层意思：一是“热心于拍曲”；二是“兴趣”“一如曩昔”，而且“不减于当初”；三是周作人是从朱自清那里听说的，并不是俞平伯亲口相告，可能是俞平伯怕老师知道他“玩曲丧志”而不敢说吧。可见俞平伯是花费很多时间和心力在拍曲上的。

到了 1930 年 10 月，俞平伯从老君堂搬出来，搬到清华园南院七号，把自己的书房取名为“秋荔亭”。这下更为自由了，他索性把“秋荔亭”当成了清华昆曲爱好者的活动场所，经常邀请几个同好，到家里拍曲，“秋荔亭”一时曲声悠扬。俞平伯的工作、生活越发地安逸而快乐。书房当然是读书研学的地方了，大量的学术著作源源不断地从其笔下诞生。在工作间隙，或听夫人唱曲，或邀请曲友雅集“秋荔亭”，来一场小型的曲会，真是兴味无穷啊！1931 年 1 月 3 日这天，俞平伯在清华园秋荔亭举行了一场曲会，参加的有冯友兰、浦江清、邹湘乔、杨武之等人。那天俞平伯曲兴很高，唱了两支曲子，《下山》和《惊梦》。俞平伯还请魏建功给他刻了一方印“秋荔亭拍曲”，这也可以证明他对拍曲是多么喜爱。俞平伯和许多传统文人一样，喜欢玩印，《俞平伯的后半生》扉页上，刊满两页的俞平伯常用印章，还只是其中的一小部分，书中也常提到俞平伯得到一枚印章后，急欲试用的喜悦心情。“秋荔亭拍曲”在俞平伯所有印章中，极为特别，至少说明他对于拍曲一事是多么地上心。就在这次雅集度曲几天后，即 1 月 8 日晚上，在清华园西客厅，俞平伯与朱自清、叶公超、叶石荪、顾随、赵万里、钱稻孙、毕树棠等一起出席浦江清的邀宴。席间，大家高谈阔论，由词而谈到昆曲，皮簧、新剧和新文学，俞平伯也发表了自己的见解。仅过一个月，高步云来秋荔亭访俞平伯，俞平伯极为开心，唱了《亭会》《湖楼》两折，又与夫人合唱了《折阳》一折。第二天下午，俞平伯又兴致勃勃地赴和平社曲集，和诸位曲友玩乐一下午。意犹未尽的俞平伯2月16、17日两天的工作都和曲事有关。16日下午，高步云来唱昆曲，俞平伯唱了《玩笺》一折，又和夫人一起唱了《茶叙》一折。17日是辛未年春节，俞平伯应高步云之嘱，写了一张小条幅，又填词《蝶恋花》一章，和辛稼轩元日立春韵。要过年了，俞平伯连续参与曲事活动，可见他当时的心情是何等快乐。

俞平伯在拍曲之余，也研究曲学，还写有一篇《论作曲》的文章，《俞平伯年谱》是这样评说的：作者“从立意、遣词、合律、和气味四个方面，论述了作曲的要求和它的特殊性。他认为能够作曲的才子必须是‘好学深思而又不为学问思维所缚者也’，‘不矜才，不炫学，意有所

《俞平伯的后半生》

会，信手拈成，辄有妙语，以之作曲，若是者谓之当家。'他说，遣词不忘清、新、自然，典宜少用，以醒豁为上。若原系乡音之曲，则又须悉遵本因音，勿羼入其他。谐谑适当最增文字之机趣"。

1933年上半年，不亦乐乎的俞平伯，邀请笛师何经海到"秋荔亭"吹笛；同时，还相约校内外昆曲同好来度曲清唱。这一时期的"秋荔亭"，可谓是曲声不断、"盛况"空前了。夫人许宝驯能唱整出的戏，俞平伯虽歌喉不亮，但拍曲的功夫从容安闲，日益老练。有人记得，"秋荔亭"东窗下有一个长案，是当年俞夫人的嫁妆，俞先生常在上面拍曲，因为天天拍曲，居然硬生生把长案拍出一道裂痕。俞平伯的拍曲，虽然是自娱性质，但他也很在意别人的评价。比如5月5日俞平伯偕夫人和朱自清、浦江清等人出席曲会，第二天他就和朱自清一起讨论对这次昆曲演唱会的评价。

当这年夏末昆曲老笛师何经海因穷困客死于北京时，俞平伯悲痛万分，专门作募捐启事，号召同仁募捐，以安排后事。

昆曲是中国的国粹，历史上曾经有过辉煌——18世纪之前的400年里，昆曲一直是中国的主打戏剧，它以完美的表现方式向人们展示着世间的万般风情，是宫廷相府中的常客，是文人雅士的时尚。正是这种富丽华美的演出氛围，附庸风雅的刻意追求，使得昆曲日益走向文雅、繁难的境地。但这样的文雅、繁难也埋下了衰亡的种子。18世纪后期，地方戏开始兴起，它们的出现打破了长期以来的演出格局，戏曲的发展也由贵族化向大众化过渡，就好比今天的高雅艺术和通俗艺术一样，昆曲不可避免地开始走下坡路。到1850年前后，昆曲败落之势更为明显，许多昆曲艺人被生活所迫，转行演出流行的京剧去了。到了俞平伯的祖、父辈，昆曲的演出班子已经彻底消失，唱曲除成为一些小众"玩友"雅集的保留节目外，公众场合几乎绝迹。俞平伯远远地望见昆曲消亡的尾巴，同时也拽住了昆曲留下的一点点余音。就是这点余音，使俞平伯

终生恩爱的俞平伯夫妇。

的内心起了波澜，决心要为昆曲的保留和传承做一点微薄的贡献。

机遇出现在1933年的9月，那是一次难忘的江南之行，对于久居北平的俞平伯夫妇来说，这次江南之行，不仅是游山玩水，访师问友，更是一次愉快的昆曲之旅。杨振华在《“红学家”的昆曲之爱》里，介绍道：

俞先生的《癸酉南归日记》随处可见俞氏夫妇在昆曲世界里如鱼得水的情景：9月17日，到苏州，晚饭后，他们找到了一位吹笛人翁松龄，灯前小聚，唱了如下曲子：《折柳》《思凡》《学堂游园》《拾书》。22日，到达上海，午后到大世界“仙霓社”看《荆钗记》及《折柳》。24日下午，又到大世界看《偷诗》……这天晚饭后，还是带了妻子、妻弟去看昆剧，碰上倾盆大雨，到场时《楼会》已演过，观看《宋十回》《活捉》，感到表演水平极高。25日，来到嘉兴，昆曲家陈延甫来接车，天气阴雨，他们不能外出，与喜爱昆曲的旅馆老板郑启澄一起在楼上唱曲。晚饭酒后，还回到房间唱曲，到9点钟才曲散。客人离开后，俞平伯还挑灯校订《认子》的工尺谱。“是日竟日未离曲与笛，亦旅游中一快。"26日，陈延甫来访，又一起拍曲。10月1日，在杭州，应表兄之约唱昆曲，俞平伯度《折柳》"寄生草"一曲，吹笛的是京昆名家俞振飞。3日，看昆剧到凌晨2点半。4日，正好是中秋，到蒿荫山庄参加昆曲雅集，他唱了《拾画》一支，以及《惊梦》和《折柳》。

通过俞平伯的日记，可知俞氏夫妇的"南归"，几乎一直和昆曲相伴，也可见他们对昆曲的痴迷。到了1934年正月，俞平伯做出一个惊人之举，邀请陈延甫来北京。俞的邀请并不是请一个昆曲家来北京游山玩水，而是让他的昆曲才华得以展露。

陈延甫来京后，住在东城遂安伯胡同；第二天，便来到俞家，为俞平伯许宝驯夫妇所设拍期拍曲、擫笛。后来，为了拍曲方便，陈延甫干脆也住到西郊，离清华园近一些，经常在清晨赶往俞平伯家里，其所有工作都和昆曲有关。朱复所撰《昆曲笛师陈延甫简历》中，有一段专门记述陈延甫到俞平伯家拍曲的经历，以及他在北京与昆曲有关的其他活动："凡四载未间断，为俞夫妇习曲《哭宴》《泼水》《惊魂》《冥勘》《错萝》《询图》《草地》《窥醉》《思乡》《北饯》《功宴》《谏父》等一百余折。亦为清华园其他业余曲家所设拍期理曲，如为浦江清拍曲《秋江》《女弹》《北樵》等。次年春，俞平伯联合清华园诸曲家组成谷音社，陈任该社同期、公期主要笛师，俞亲为拟《介绍陈延甫指导昆曲酬例》，广设拍期，鼓励学生习曲，如1935年10月陈为清华学生张宗和、李远义、黄席春、刁鸿翔等拍曲《阳关》等。同年11月21日谷音社主要成员在城内承华阁宴请曲家俞振飞，席间每人唱曲，由陈一人司笛，其中为俞伴奏《乔醋》[太师引]。在日常曲集时，陈亦曾为搭配某角色，如1935年9月28日俞寓秋荔亭曲会，《问病》一曲由张宗和（饰潘必正）、俞平伯（饰老道姑）、陈延甫（饰进安）和许宝驯（饰陈妙常）合唱。陈亦经常为城内各曲社的集唱活动擫笛伴奏，如言咏社、潜卢曲社、珠萦社等。”

有了陈延甫的加盟，“秋荔亭”内雅音不绝。俞平伯对昆曲更是情有独钟，萌发了集社的想法。1934 年仲夏，一个月明风轻的夜晚，在水木清华的工字厅水轩，俞平伯牵头，举行了第一次公开的曲集，到场的除了清华园的昆曲爱好者，还有京城其他曲友，大家轮流表演，直至深夜仍不愿散去。就是在这时候，俞平伯开始酝酿曲社。到了第二年正月，还是在水木清华的工字厅，俞平伯再一次召集曲会，亲自演唱了《紫钗记》《单刀会》和《玉簪记》中的曲子各一折，引起现场阵阵热烈掌声。这一次，俞平伯正式确定，把曲社定名为“谷音社”，取“空谷传声，其音不绝”之意，希望昆曲这门艺术发扬光大。但是，好事多磨，已经确定好的“谷音社”直到 1935 年 3 月 17 日，才在清华园俞平伯寓所正式召开成立会。俞平伯亲自撰写了《谷音社社约引言》和《周期细则》，并被推为社长。在社约引言里，他说：“夫音歌感人，迹在微眇。涵泳风雅，陶写性情。虽迹近俳优，犹贤于博弈，不为无益，宁遣此有涯。然达者观其领会，则亦进修之一助也。故诗以兴矣，礼以立矣，终曰成于乐；德可据也，仁可依也，又曰游于世；一唱而三欢，岂不可深长思乎。或以为盖有雅郑之殊，古今之别焉。不知器有古今，而声无所谓古今也，乐有雅郑，而兴感群怨之迹不必书异也。磨调作于明之中世，当时虽曰新歌，此日则成古调矣。其宫商管色之配合，虽稍稍凌杂，得非先代之遗声乎。其出字毕韵之试题严，固犹唐宋之旧也。夫以数百年之传，不能永于一旦，虽曰时会使然，亦后起者之责耳。同人爰有谷音社之结集，发议于甲戌之夏，成立于乙亥之春。譬诸空谷传声，虚堂习听，寂寥甚矣，而闻跫然之足音，得无开颜而一笑乎。于是朋簪遂合，针芥焉投，同气相求，苔岑不异。声无哀乐，未必中年，韵有于喁，何分前后；发豪情于宫徵，飞逸兴于管弦。爰标社约，以告同侪。”俞平伯充分发挥了自己的写作特长，历述了歌、诗、曲、乐在陶治人们性情和操守方面的作用和功绩，简明扼要地概括了昆曲的发展史，明确了谷音社成立的目的和意义，即“涵咏风雅，陶写性情”，“发豪情于宫徵、飞逸兴于管弦”。这篇“引言”用词非常漂亮，是一篇难得的美赋。文中的这些约定，已经明确了自己的职责，就是要承担拯救昆曲的责任。

曲社的活动应该是频繁的，曲社之间也有交流，陈延甫还受郭绍虞之聘，到燕京大学朗润园十四号郭绍虞家中，为燕大师生度曲。谷音社还在清华大学设专门教室，增加习演锣鼓项目，每晚都有不少曲友和青年爱好者参加，并聘陈延甫为老师。可以说，从谷音社成立到“七·七”事变前的二三年里，曲社活动非常频繁，三天两日举行唱曲，清华大学著名的工字厅，也常常用来做唱曲的场所。每有曲事，俞平伯都是积极分子，有时一唱七八折，还经常应邀参加珠蓉社等兄弟曲社的工作。《俞平伯年谱》里，俞平伯参与各种曲事活动的记录十分频繁。通过这些活动，不仅社友的演唱水平得到了提高，还做了许多传承和普及的工作。俞平伯更是收集了大量流散在民间的昆曲曲谱，并进行整理、传抄、校对和保护。

然而，好景不长，“七·七”事变后，清华园和北京一起沦陷，谷音社被迫停办，俞平伯也从清华园逃了出来，蛰居于朝阳门内的老君堂私寓，闭门不出。也因日寇入侵而暂时躲藏起来的陈延甫，深知老友的寂寞，还是隔日来老君堂，为俞平伯夫妇司笛唱曲，聊以排缱心中郁闷。但是，山河虽在，家国已破，俞平伯此时的心情已完全不同于从前了——生活遇到了困难，有曲可唱，却无米充饥，生活一下子从小康变成了清贫。俞平伯不得不靠变卖器物来维持基本的生活。据说，在老君堂寓所院子的老榆树下，俞平伯在一堆旧物边，一边和小贩讨价还价，一边拿本子记账。老君堂宝物很多，随便哪一件都会让喜欢旧物的俞平伯不舍的，但是，满腹诗书的俞平伯也只能这样勉强度日了。1938 年，

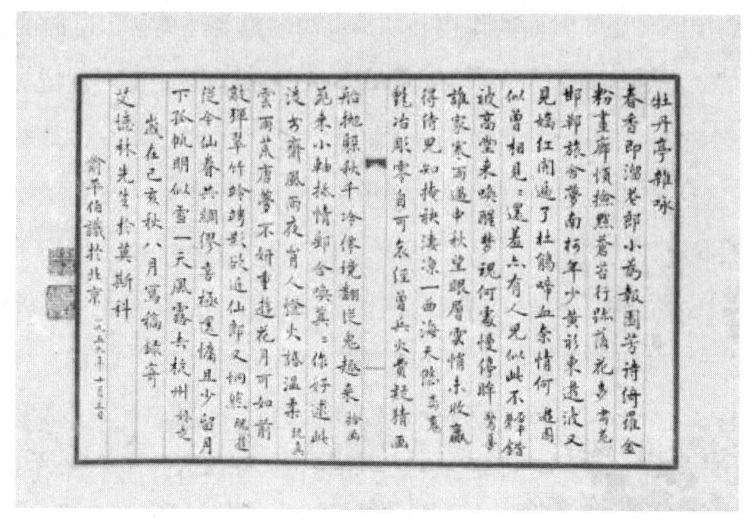

牡丹亭雜咏
春香即溜卷郎小喬報圖芳詩倚羅金
粉畫廊憑撿點蒼苔行跡落花多 書齋
邯鄲旅舍夢南柯年少黃衫東道從又
見嫣紅開遍了杜鵑啼血奈情何 遊園
似曾相見見還羞亦有人兒似此不歸錯
被高堂來喚醒夢魂何處覓停眸 驚夢
誰家寒雨過中秋望眼層雲情未收贏
得侍兒知捧袂淒涼一曲海天愁 寫真
鮑治眠零自可哀徑當兵火費耗精畫
船拋縣秋千冷傳境翻從鬼趣來 拾畫
苑來小軸挂情郎令喚真真作仔細述此
淺書齋風雨夜肯人燈火語溫柔 玩真
雲雨荒唐夢不妨重遊花月可如前
歡揮翠竹蛉蜻影欲近仙郎又惘然 幽遇
從今仙眷共綢繆書極還憐且少留月
下孫帆明似雪一天風露去杭州 移走
歲在己亥秋八月寫稿錄寄
艾德林先生於莫斯科
俞平伯識於北京 一九五九年十月五日

俞平伯的书法。

周作人、钱稻孙等邀请他到伪北京大学任教，被婉拒，他只到收入微薄的私立中国大学任国学系教授。在生活极端清贫的情况下，俞平伯夫妇依然不忘唱曲自遣，还多次参加城里还在活动的几个曲社，比如珠萦社、潜庐曲社等。在敌伪占领北平时期，俞平伯不仅参与了多次曲事活动，还自撰了多篇专门文章，如《再与友人书》《与汪健君书论正声变调》《再与汪健君书》等就是在这一时期完成的。另外，他还为郭则云填曲、王季烈制谱的《红楼真梦传奇》作序。

昆曲这门已沦落民间的艺术，在战乱的年代里能够得以保留一点点星星之火，虽然不能说全是因为俞平伯的功绩，但他所做的努力和贡献却是有目共睹的。特别是 1950 年代以后到 1980 年代，国家经历了多次运动，在如此混乱的环境里，俞平伯克服很多困难，组织了北京昆曲研习社，还合作演出了昆剧《牡丹亭》。对于他在这方面的贡献，俞平伯的老朋友张允和深情地说：俞先生对昆曲的付出太多了，他的功劳不能埋没。

现在，昆曲已经作为非物质文化遗产被保护了起来，有了专门的传人。许多人重新认识了昆曲并喜欢上它。于丹有一种观点，代表了热爱昆曲的人的一种普遍的文化心理，即昆曲那种细腻、婉转、精致、唯美的特点，完全可以作为一种“元素”进入当下的时尚生活。能不能成为“时尚”，我是怀疑的。但它能让一部分人喜欢，自是有其独特魅力的。早在 2007 年秋季，我和江苏省昆剧院青年表演艺术家孔爱华在北大学习，她当时正在参加中戏博士结业生的汇报表演，我去看了她的昆曲演出，对昆曲唱腔和一招一式有了第一次直观的感受，当时我一边看一边想：俞平伯迷恋唱曲是对的，也只有俞平伯那样的人、那样的生活、那样的环境，才会唱曲。曲，应该更适合“玩”。

清宫与画

因为顾颉刚的关系，俞平伯有过一段颇为有趣的经历，就是在紫禁城整理书画。开始只是玩票，后来居然当真，接受了正规的聘书。

原本画与俞平伯是搭不上关系的。虽然俞夫人能画几笔漂亮的花鸟小品，俞平伯也善书，却不见他画过。这也没有什么可遗憾的。中国文化汗牛充栋，谁也不敢说样样精通，就算是那些诗书画印全能的才子，也还有其他缺陷。俞平伯够得上天才了吧，画还不是照样不行？不过莫急，不会画，不代表不会看。俞平伯在看画方面，是有个人才能的。这还是得益于他年轻时的苦读。书读多了，知识自然就多。正因为有这方面的才能，俞平伯与画居然也结了一段小小的缘分。

1925 年 4 月 11 日，应顾颉刚的邀请，俞平伯到故宫景阳宫御书房参加点查书籍。稍微懂点历史的人都知道，御书房是个什么地方？就连那些戏说的不靠谱的电视剧里，也把皇帝的故事安排在这儿，可见这个地方的吸引力不小。顾颉刚此时正沉浸在“古史辨”和民俗学的研究中，

俞平伯与叶圣陶（右一）、顾颉刚（右三）在一起。

并在北大研究所任职，担任《歌谣》周刊的编辑。御书房的书很多，许多都是善本，需要点查造册，当然离不开这方面的专家了。曾在北大图书馆任职并对目录学研究有成果的顾颉刚，自然在专家之列。顾颉刚邀请俞平伯参加，多少有一些意外。但细一想，又在情理之中。以俞平伯深厚的家传和渊博的学识，完全有资格承担这一任务。顾颉刚和俞平伯是苏州老乡，北大校友，又是至交，一起讨论过《红楼梦》，相互知根知底。对于这次点查书目，一是可能人手不够，负责人请顾颉刚物色新人；二是顾颉刚知道这次点查书目的重要性，主动提出再请专家。俞平伯自然就近水楼台被邀请了。不消说俞平伯的欣然前往，也不消说他大开了眼界。俞平伯对于这次工作的成果，于第三天便体现了出来——他做了一篇《记在清宫所见朱元璋的谕旨》的文章，发表在 5 月 10 日出版的《文学周报》第 172 期上，文章记述了朱元璋的残暴和《祭秦王文》的“有趣”。可能是俞平伯的工作受到赞赏，所以又有数次机会进入故宫，当然也是应顾颉刚的邀请了。此时的紫禁城，皇室成员已经陆续迁出，就连末代皇帝溥仪之妻也不例外，她所住的储秀宫，也有许多物品需要清点。俞平伯照例在清点人员之列。在这次工作之后，他又写了一篇《杂记“储秀宫”》的见闻，分五节，对储秀宫的概要、堂房、东西屋、丽景轩进行了详细的介绍，让普通人对皇后的密宫有了初步的了解。我欣赏这篇文章，它不仅对储秀宫介绍得很仔细，最后一小节还有菜单。从这份菜单上，可见皇室后宫早膳的考究和奢华。

到了6月21日，故宫懋勤宫、永和宫书画作品需要点查。顾颉刚再次邀请俞平伯前往。这次共点查书画二三十帧，好东西大概不少。应该是出于保密原因吧，俞平伯没有再写文章。但是俞平伯对于此项工作却产生了热情和兴趣，便做了一些与此相关的事。就在去懋勤宫、永和宫的当天，他就为金籛孙所藏四幅美人画砖拓片作跋：“砖上有这样美丽的画是很少见的。原物既不在本国，故拓本更觉可贵了。”俞平伯进一步考证道，“这些都是墓砖，与俑之功能相似……其殉葬之遗意也。意固愚陋，而品物制作却精……这实在比目今流行的纸扎童男女高明得多。”而在这之前的5月24日，俞平伯曾夜访周作人。这次访问似乎没有得到邀请，因为周作人21日写给他的信上，压根儿就没提这次夜访，只是商请俞平伯为《语丝》写一点文章。那么俞平伯何事需要夜访呢？也是和几次清点故宫物品有关。正是几次别有意趣的工作，让他对古物有了玩兴，特意趁夜色赶到八道湾周作人家里，借得一块永和砖。抑或呢，是因为要写这篇跋文，专门找来实物一睹芳容。总之，这块砖，俞平伯一直玩到6月19日才还给周作人。但还砖的当日又借走了凤凰砖和大吉砖，这恐怕就不再是为写跋文做功课了。我曾在网上见过永和汉砖的拓片，真是精美绝伦。俞平伯从老师那里借走这些宝物，是要再进一步钻研和欣赏的。

这个月的月底，在顾颉刚的建议下，俞平伯正式出任整理故宫书画的顾问。顾颉刚的建议是这样说的：“俞先生对于书画颇有兴趣，与刚相稔，知其甚可靠。与其同作，可以早日完工。”顾颉刚的这个建议特别直白，一点弯儿都不拐。负责这项工作的李玄伯、沈兼士同意了顾颉刚的建议。那么就有必要再做一番推想了：顾颉刚在给两位专家领导建议之前，一定是和俞平伯有过沟通的。凭着二人的关系和多次受顾颉刚邀请，顾颉刚事先征得俞平伯同意，完全符合人之常情。

俞平伯在家中。

这样，俞平伯被正式聘请为“清室善后委员会”顾问了。这是个好差事，很对俞平伯的脾性，也尽可能地发挥了他的才干，何况他的同事，包括李、沈二位领导，都是纯粹的学人，不会为鸡毛蒜皮之事去勾心斗角，俞平伯的工作可谓如鱼得水。1925 年北京的炎夏里，在金碧辉煌的紫金城内，俞平伯多次和这些专家一起工作，一起探讨，一起赏画。与顾颉刚的探讨当然最为频繁了。1990 年紫禁城出版社出版了一本《琐记清宫》，书中收了俞平伯的上述两篇文章，另外还有李玄伯、魏建功、隅聊、庄尚严等人的文章。该书的前言对当时清点故宫书画工作，有一个简要的介绍：1924 年年底成立了“以李煜瀛为委员长的清室善后委员会，负责接收、清点、登记、保管故宫宫殿、文物，及筹建博物馆、图书馆。”“1925 年 10 月 10 日，故宫博物院成立，以故宫后半部为院址，内设古物、图书两馆，图书馆又分图书、文献两部。”

所以，俞平伯之于这项工作基本上是从一开始就介入的。他这个顾问不知当到何时，但有一件事可以看成是担任“清室善后委员会”顾问后的延续，就是他以短笺的形式为《子恺漫画》作跋，题为《以〈漫画〉

初刊与子恺书》。丰子恺曾为俞平伯的诗集《忆》画了十多幅插图，此番作跋，也可看成是投桃报李。但是因为做了顾问，对赏画有些底气，怕也是原因之一吧。尽管他在跋中，自谦“是门外汉”，但还是中肯地谈了自己的观点：“中国的画与诗通，在西洋似不尽然。自元以来，重士大夫画，其蔽不浅，无可讳言。惟从另一方面看，元明的画确在宋院画以外别开生面。其特长便是融诗入画。画中有诗是否画的正轨，我不得知；在我，确喜欢这个。它们更能使我邈然意远，悠然神往。”又说：子恺的画，“其妙正在随意挥洒，譬如青天行白云，卷舒自如，不求工巧，而工巧自在。看！只是疏朗朗的几笔，然物类神态毕入彀中了。”虽是不多的几句评论，却很切中要害。一般情况下，序跋只捡中听的说，其他的不同意见可另做讨论。因此，到了 1926 年 10 月 25 日，俞平伯又写一篇《关于〈子恺漫画〉的几句话》，在这篇文章中，俞平伯才指出了《子恺漫画》一些不妥之处，特别是对于用古诗入画。俞平伯说：“至于就古诗作画，处处替他人设想，犹八股文之代圣人立言，尤觉束缚。断章取义原无不可。唯新造解释总要不比旧的坏，方过得去。若差得太多，就没有多大意味了。”这与其说是批评，倒不如说是建议更好。

《琐记清宫》内图

总之，在俞平伯的文艺活动中，这次做清宫的顾问也算是有成就的。

跋《秦妇吟》

1928 年 3 月，因为帮陈寅恪一个忙，俞平伯得以和陈认识并相谈甚欢。此时二人同住京城，俞平伯在燕京大学讲授中国小说，同时兼任北京女子文理学院讲师。陈寅恪的名声更为响亮，以著名历史学家的身份任教于清华国学研究院。那么，陈寅恪要请俞平伯帮一个什么忙呢？又为什么找俞平伯帮忙呢？梳理林林总总的资料，情形大致是这样的：陈寅恪正在研究韦庄的《秦妇吟》，陈对俞的家世早就了解，认识俞后，便一起讨论，对《秦妇吟》中的一些疑点相互交换意见。俞平伯温厚平和的性格很受陈寅恪的喜欢，加上俞平伯深厚的古文功底和广博的才学，二人很快便成为惺惺相惜的朋友。陈寅恪当即请俞平伯用小楷抄录《秦妇吟》长卷。俞平伯欣然接受。所谓“帮忙”，就是指抄长卷事了。

文人间相互赠送书画作品，古已有之，不是什么新鲜事。陈寅恪跟俞平伯索字，并点名要《秦妇吟》，恐怕不仅仅是为了字，还有对《秦妇吟》作品本身的深爱。俞平伯的小楷当然漂亮，经品，耐看，有味，是文人字中的上品，再加上对《秦妇吟》历年流传本异同的注释和俞平伯一篇文采飞扬的跋语，这幅作品就有了非同一般的意义。很快，在老君堂古槐书屋的案几上，俞平伯就把《秦妇吟》并跋的长卷写好了。陈寅恪看了俞平伯的书法和跋语，非常开心，在心里默念跋语："余与寅恪倾盖相逢，忘言夙契。同四海以漂流，念一身之憔悴，所谓去日苦多，来日大难，学道无成，忧生益甚，斯信楚囚对泣之言，然不自病其惑也。今岁丁香开后，嘱写此篇。明知字迹尘下，无以塞命，唯念古往今来不乏鸿篇巨制，流布词场，而寅恪兄乃独有取于此，且有取于稚弱之笔法，则其意故在牝牡骊黄之间也。中和癸卯后千有四十五年岁次戊辰春三月俞平伯写跋于北京。"（蒋天枢撰《陈寅恪先生编年事辑》，上海古籍出版社 1997 年版）

俞平伯的跋，道出了心里话，有明人风采，陈寅恪十分喜欢。多年来，陈寅恪一直重视研究《秦妇吟》，在这次抄写之后，他又进行多次校笺，每次都有不同程度的增补。第一次是在 1936 年，题目是《读秦妇吟》（后改为《秦妇吟校笺》）；第二次是在 1950 年，题目作《秦妇吟校笺旧稿补正》；第三次题目改为《韦庄秦妇吟校笺》，收在 1980 年上海古籍出版社出版的《寒柳堂集》中。这是后话，虽和俞平伯关联不大，但也是从俞平伯抄写并跋《秦妇吟》之后引出来的，足以证明陈寅恪当时请俞平伯抄写此诗，并不是一时心血来潮。俞平伯的字和跋文，也对得起他的用心了。

陈寅恪请俞平伯书写长卷一事，在他的重要著作《寒柳堂集》中有郑重的记录："戊辰之春，俞铭衡君为寅恪写韦端己秦妇吟卷子，张于屋壁。八年以来，课业余暇，偶一讽咏，辄若不解，虽于一二字句稍有所校释，然皆琐细无关宏旨。"什么是"宏旨"呢？"端己之诗，流行一世，本写故国乱离之惨状，适触新朝宫阃之隐情。所以讳莫如深，志希免祸，以生平之杰构，古今之至文，而竟垂诫子孙，禁其传布者，其故傥在斯欤？傥在斯欤？”所以，俞平伯的跋语写得也非常含蓄，“其意故在牝牡骊黄之间也”。

就在俞平伯把书写好的《秦妇吟》交给陈寅恪后，他也请陈寅恪为他书录曾祖父俞曲园的《病中呓语》，陈也写了一篇跋语，同样发挥了自己的才华，略作准备后即一挥而就。跋中说：“人事有初中后三际（借用摩尼教语），犹物状有线面体诸形。其演嬗先后之间，即不为确定之因果，亦必生相互之关系。故以观空者以观时，天下人事之变，遂无一不为当然而非当然。既为当然，则因有可以前知之理也。”又说：“当时中智之士莫不惴惴然睹大祸之将届，况先生为一代儒林宗硕，湛思而通识之人，值其气机触会，探演微隐以示来者，宜所多言中，复何奇之有焉！”到底是文史大师，跋文多好啊！真可以说，知俞樾者，寅恪也。跋文中还提到与俞平伯的交往：

尝与平伯言：“吾徒今日处身于不夷不惠之间，托命于非驴非马之国，其所遭遇，在此诗第二第六首之间，至第七首所言，则藐不可期，未能留命以相待，亦姑诵之玩之，比诸遥望海上神山，虽不可即，但知来日尚有此一境者，未始不可以少抒忧生之念。然而其用心苦矣。”还说：“此诗末首曰：‘略将数语示儿曹。’然则今日平伯之录之诠之者，似亦为当时所预知。此殆所谓人事之当然而非偶然者欤？”

——陈寅恪《寒柳堂集·俞曲园先生病中呓语跋》

可见陈、俞二人虽然交往时间不长，可以说是初相识，但文字因缘和思想的默契，已经是声息相通了。陈寅恪这篇跋文，发表在 1932 年 3 月 5 日出版的《清华周刊》第 32 卷第 2 期上。

就在俞平伯和陈寅恪相互写跋后不久的 1928 年 10 月，应清华大学

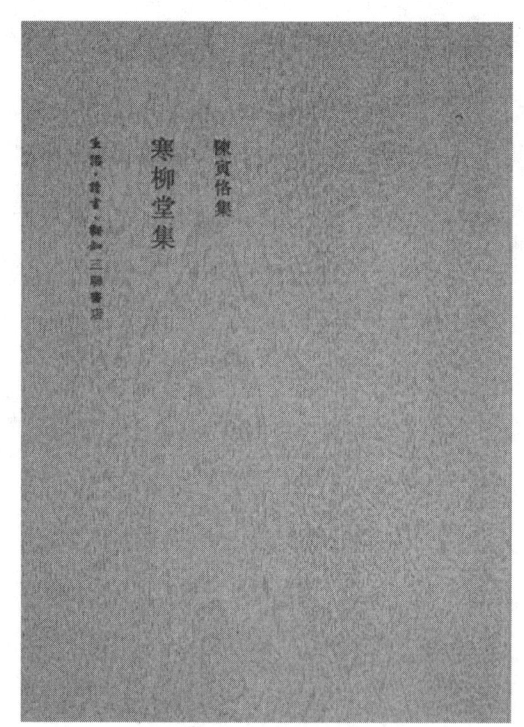

《寒柳堂集》封面

校长罗家伦之聘，俞平伯到该校任中国文学系讲师。俞平伯为纪念初进清华园，特赋诗一首："骀荡风回枯树林，疏烟微日隔遥岑。暮怀欲与沉沉下，知负春前烂漫心。"此诗并没有透露出过多的欣喜，甚至有些过于冷静了。但从此俞平伯和陈寅恪就在一所学校成为同事了。

俞平伯和陈寅恪的交往，在相当长的时间里，都属君子之交，既不像和朱自清那样是无所不谈的知己，也不像和周作人那样亦师亦友的投缘，属于相互敬重型的。所谓相见亦无事，不来常思君，大约说的就是他们吧。但是，偶尔的思君，却又能玩到一块，也是俞平伯诸多朋友交往中的特例。整合有关材料，可以知道俞平伯至少有数次和陈寅恪一同出游交往。1931 年 4 月 7 日上午，俞平伯和陈寅恪一起游北京的万寿山。万寿山本身不大不高不险不奇，八国联军火烧圆明园后又重建过，

20世纪初期，北京大学学生罗家伦与康白情合影。

离清华大学不远，前临昆明湖，景色比较集中。二人为何心血来潮，一起出游？其实也不难推测，4 月 7 日，清明节刚过，气候温润，树木返青，又恰逢二人同在学校，且都没有课程，难得浮生半日闲，索性一起爬爬山踏踏青，放松放松。二人一路走来，从山脚的“云辉玉宇”牌楼，经排云门、二宫门、德辉殿、佛香阁直至山顶，一边走一边聊，想必是十分开心和惬意的，在山顶眺望昆明湖，再放眼不远处的清华园，谈些人事亦有可能。而且我还推测，二人同游万寿山的主意，是出自俞平伯，因为这次游览之后，俞平伯显然被大好春光所感染，一连几天，都外出踏青：4 月 8 日，和夫人一起游翠微山，又下山至八大处踏青游玩。4 月 9 日又和夫人，与陈寅恪等人一起到沙河、汤山公园玩了一天。4 月 10 日，又与朱自清同游阳台山大觉寺。连续的旅游踏青，虽都在

陈寅恪（1890－1969），江西省义宁州（今修水县）人，生于湖南长沙。中国现代历史学家、古典文学研究家、语言学家、中央研究院院士、中华民国（民初时期）清华大学国学院四大导师之一（其余三人为梁启超、王国维、赵元任）。

近郊，却也要些工夫的，可见俞平伯玩兴大发了。而这几次游览，有两次是和陈演恪在一起。两位互相欣赏的文士相约出游，必定有说不完的投缘话，且走且看，且说且笑。这还没完，不久后的5月5日，二人再次出游，一起欣赏雨后牡丹。到了6月29日，更是和陈寅恪到北戴河玩了好几天。特别是后两次，恐怕不是临时动议了。前几次的游玩上了瘾，二人都打定主意一起再出去，躲开喧嚣的市声和纷繁的人事，也暂时脱离书斋，不谈学问，不问书事，看牡丹的富丽，特别是雨后牡丹，一定更为娇媚鲜艳。而到北戴河游览，怕是久有计划。因为不是一天两天，二人必须得有闲时还有闲情。出行前一天，俞平伯给周作人写有一信，信中提到这次北戴河之行："明日偕陈寅恪游北戴河，数日即归，归后入城小住，再当奉谒左右也。"看来俞平伯的闲时是有了（可能是学校刚刚放暑假），大约更少不了闲情。至少俞平伯是愿意和陈寅恪一起出行的，这也可以证明前几次的游玩是和谐而快乐的。

到了1954年，俞平伯因为《红楼梦》研究遭受诬枉之灾，一生小心谨慎的陈寅恪也禁不住写一首《无题》，为俞平伯一辩。诗曰：

世人欲杀一轩渠，弄墨然脂作计疏。
猧子吠声情可悯，狙公赋芧意何居。
早宗小雅能谈梦，未觅名山便著书。
回首卅年题尾在，处身夷惠泣枯鱼。

老先生对俞平伯太了解了，整首诗与俞平伯的身份以及古典、今典，完全对应吻合。陈寅恪诗后有小注："昔年跋春在翁有感诗云'处身于不夷不惠之间'。"诗五、六句"早宗小雅能谈梦，未觅名山便著书"，这是指俞平伯年轻的时候就发表诗作及研究《红楼梦》，当时还很幼稚，并没有将其当作名山事业传之后世的。陈的意思十分明了：对俞平伯这样的批判，是在以强凌弱，实不应该。

和周作人的私信中

俞平伯喜欢明人小品。周作人也喜欢。俞平伯曾写信给周作人，表示可以把明人小品辑录其中优秀部分，另编一册，一定有人读，也可以做教师的参考书。周作人表示欣赏。然后，俞平伯又极为罕见地做了一件好玩的事，就是仿明人小品的笔致，写一篇《梦游》，不署名寄给周作人，信中先使一个小计谋，说此篇文章，“颉刚疑是明人作”，请周作人猜猜是明人作的还是近人作的。信是 1925 年 8 月 21 日写的。周作人于第二天收到信稿时，正巧钱玄同也在，便和钱玄同一起研读《梦游》，二人认定“是明人之作”，“至迟亦当为清初也”。这个小玩笑只是他们几十年通信中的一个小插曲，但通过这件小事，也说明俞平伯的才华把两位老师都给蒙了。

俞平伯和周作人的通信很多，相互来往，几十年不断，如果没有经过“文革”这样的大灾难，能够全部保存下来，一定会从中看到他们师生之间更为丰富的情感世界。只是这样的遗憾已经无法弥补了！

若干年前，我写过一篇《书房九歌》小文，文里有一节《笺》，说到俞平伯和周作人的通信，有这样一段话：

红学泰斗俞平伯，早年就和老师周作人通信，集有信札数百余通，俞平伯仔细装裱有三大册，自制封面，上有签条，书“春在堂藏苦雨翁书札”。每本册页前，都有手书跋文一篇。第一册为俞平伯自己所写，时间是 1929 年。第二册手书跋语出自周作人手笔，时间为 1930 年。第三册有手书跋语两则，其一是周作人，其二是废名，都写于 1932 年。上海译文出版社曾出版一册《周作人俞平伯往来通信集》，收入书信 391 通，其中，周作人致俞平伯 210 通，俞平伯致周作人 181 通。最早的一封信，是俞平伯致周作人的，时间是 1921 年 3 月 1 日，最晚一封信，也是俞平伯写给周作人的，为 1964 年 8 月 16 日。这些书信，谈什么的都有，有谈论创作、讨论学问的，也有说一些家常话的。信中提到的名人更是不计其数，我们熟悉的就有蔡元培、胡适、钱玄同、废名、朱自清、叶圣陶、刘半农、马幼渔等上百人之多，大都是文学界、教育界、学术界的重要人物，书信所谈论的内容也涉及很广，社会的，个人的，家庭的，学问的，正如该书宣传文章中所总结的那样：“足以反映那个时代的社会形态、文化背景、教育状况、学者之间的交往以及他们的学术观点和文化追求，展现了他们及其周围人们的生活图景。”

俞平伯和周作人的友谊，比他们通信要早好几年。1917 年暑假开学，周作人被聘为北京大学文科教授，兼国史编纂处编辑员。俞平伯此时正在北京大学读书，选定自己的研究科目为小说，同班同学中，和俞平伯志趣相投的，只有一个人，就是他的好朋友傅斯年。而此时担任小说科目指导老师的，共有三位，一位是胡适之先生，一位是刘半农先生，另一位就是周作人先生。都大名鼎鼎，名声显赫。俞平伯多次听诸位老师的讲课，对于老师在小说方面的见解有深切的领会。所以，俞平伯才有后来两三篇小说的创作以及在燕大兼授小说课程这样的经历。我曾做过这样的假设，由于教俞平伯小说的三位导师，都不是以小说创作见长，所以才没有培养出一个小说家俞平伯。胡适之先生是白话诗的开山鼻祖，俞平伯成了第一代新诗人；周作人在散文方面直追晚明遗风，有鲜明的个性，才影响了俞平伯的散文创作。如果他们三人，特别是周作人，能像他乃兄那样，是白话小说的开创者，俞平伯说不准就成中国优秀的现代小说大师了。这只是我个人假设罢了。世界上没有“如果”，“如果”是个理想化的东西，不过是人们的美好愿望而已。

俞平伯北大毕业后，一直和周作人保持联系。从 1920 年下半年开始，俞平伯在杭州一师任教，给周作人写信，从此一发不可收。10 月 22 日，致周作人信，27 日就收到周作人的复信。12 月 13 日又致周作人信。此后在长达近半个世纪的时间里，二人书信不断，仿佛成了习惯，即便是同住北京，同在一所大学教书，相距很近，也保持通信联络。

研究俞平伯的专家孙玉蓉女士编注的《周作人俞平伯往来通信集》，是一个功德无量的大工程，有了这本书，才使我们这些爱偷懒的读者能够了解二人长达近半个世纪的友情，了解他们之间的交往，了解发生在他们身上和周围友人中许多鲜为人知的事，有些事，甚至可当轶事来消遣。开篇提的事即是一例，另外还如 1922 年 3 月 27 日，周作人致信俞平伯，讨论俞平伯的论文《诗底进化的还原论》。这篇论文，发表在《诗》月刊创刊号上，俞平伯认为：“好的诗的效用是能深刻地感多数人向善的。”还举了三个条件。周作人看完这篇文章，对俞平伯文中的观点提出三点质疑，并写成专文，发表在《晨报副刊》上，对俞平伯的观点进一步做了讨论。俞平伯收到信后，于 31 日给周作人写了一封长信，对诗是表现人生还是人生的表现等问题，发表自己的见解。信写好后，俞平伯觉得所谈很有意义，在信的末尾，表示要节录周作人的信发

周作人在书房。

表在《诗》月刊上。俞平伯便以这封信为基础，进行加工润色，形成一篇理论文章，以通信的形式，发表在这年4月15日出版的《诗》月刊第1卷第4期上。又如，俞平伯应聘到上海大学任教，校方安排他教中国小说。1923年8月5日，俞平伯致信周作人，说："此项科目材料之搜集颇觉麻烦，不知先生有何意见否，鲁迅先生所编之《中国小说史》讲义，不知能见赐一份否？"这可以看作是俞平伯向周作人的"求援"信。一来周作人是俞平伯的老师，在北京大学讲过中国小说；二来鲁迅手里有一本讲授中国小说的讲义。周作人在9月2日复信中说："《小说史讲义》在鲁迅先生处假得一册，觉得条理很好。原书仍交伏园奉还，请您晤他时为我致谢。"这封信的意义在于，信中所说的《小说史讲义》实为《小说史大略》，起初为油印本，后改铅印本，改名为《中国小说史大略》，是鲁迅1920年在北京大学讲授中国小说史时用的讲义。直到1923年年底和1924年年初，才由北京新潮社正式出版。那么就是说，俞平伯得到的这一本，应该不是正式出版本。还有一个意义即是，直到这时候，周作人和鲁迅的关系还保持得不错，但也似乎只是公事公办性质，因为他在信中，称乃兄为"鲁迅先生"。相较于周俞二人在信中对朋友的各种昵称、怪称、简称，真是过于严肃了。

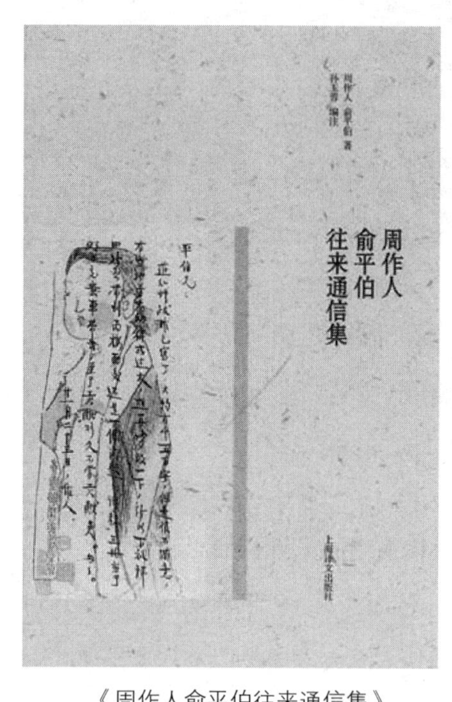

《周作人俞平伯往来通信集》

一般说来，名人都是有些个人隐私的，这些隐私又常常潜伏在书信或日记中(当然也有例外，像胡适的日记，就绝少有隐私，原因是胡先生从一开始，就确定这日记不是为自己所记，而是要供后人研究的，所以，真正的私事并没有记录)，许多读者对名人隐私也常有猎奇之心。那么，《周作人俞平伯往来通信集》中有没有隐私呢？那就要看读者对隐私和轶事如何区别了，也看读者如何睁开慧眼去发现了。

比如，1926年6月30日，周作人致俞平伯信：

平伯兄：

今日《京报》想已见到，第七版上有一篇妙文，大骂适之，而说你是适之的“大弟子”，(“大徒弟”？如悟空之于三藏乎？)此种文章固不值一笑，但可见精神异常的青年之多。丁在君几乎以“袁许”自居，未免稍滑稽，然而一面以“袁许”视人者的确不少，二十五年的教育之力终于无效，遗传的势力真大的可怕。近来有兴致做文章否，闻小峰《语丝》稿又不多了，请随时给我们一点。我是什么都做不出，偶然写一篇，亦只可在副刊上发表，难得较成片段的东西也。

六月三十日，作人

细心的读者至少会从这封信里看到多种信息。各人可根据兴趣不同，深入地追问下去。我的兴趣是周作人的约稿，看似代李小峰所编的《语丝》约稿，后面却不免露出“我们”二字，即可说明周作人是把《语丝》当自己的杂志的。同时也让我想起鲁迅对《语丝》的态度，想起兄弟毕竟是兄弟，还是有些默契的。

在俞平伯和周作人这些通信中，常常提到那些同时代的名人，而信中对他们各种各样的称呼很有意思，比如对孙伏园，就有不少别称，伏园、万羽、孙公、伏公、伏老等，都是指孙伏园。信中还常提到钱玄同，他的别称更是五花八门，玄同、玄公、疑古、疑古公、疑古翁、玄同师、疑古老爹、疑古先生、疑古君、老爹、某老爹等等。信中提到沈尹默，有尹默、沈、君默、尹公、沈委员公、平大沈校长等别称。信中提到江绍原，有绍原、原、江公、江次长、准礼部次长江、江二先生、江二公等。这些别称，用在不同的地方有不同的趣味，有时读到某处，不觉也要会心一笑。信中提到的许多人都是他们共同的朋友，其中出现得最多的大概要数钱玄同了。钱玄同和周氏兄弟一样，早年留学日本东京，三人还在《民报》社内，听章太炎讲解《说文解字》。钱又是俞平伯在北大时的老师。所以，在信中就无所不涉了。如周作人在给俞平伯的一封信中说：“星期四苦雨斋夜谈，我提议可以邀疑古公来，因为否则酒菜未免多余，而且缺少健谈的人，亦稍稍冷静也。”这种话都说出来了，可见关系非同一般。

俞平伯和周作人的通信涉及的内容太广博了，有评论诗文的，品评和鉴赏书画的，有互赠诗词的，互相赠送邮票的，更多的则是传递信息，交换心得，当然也有约会、赴宴、出游、行礼等。比如 1926 年 6 月 8 日，俞平伯就邀请周作人于第二天赴崇内大街德国饭店吃饭。还比如，俞平伯收到叶公超结婚喜柬，问周作人如何“奉贺”，就连钱玄同做一件“新洋服”也要拿来说说。俞平伯要陪陈寅恪游北戴河，也向周

晚年俞樾

作人通报。想到好友朱自清和陈竹隐的婚姻，“觉得典故之有味，又寻得一句将来可以写在红纸上送贺礼的话，即是渊明老爹的母舅的‘渐近自然’四字，只是有点流氓气耳”（俞平伯 1931 年 7 月 17 日致周作人信）。这些都属文人间的小情趣，从从容容地说来，让人不免心向往之。

我开头引用的《笺》文中说的信笺，也是俞平伯周作人通信集中的一大特色，那些信笺有荣宝斋的，也有清秘阁的，有些还是套色水印，文气高雅。甚至有曲园、苦雨斋、煅药庐专门印制的信笺。至于书法也各有特色。周作人多为小行楷，看是随意写来，其实很有规矩，而且一以贯之。俞平伯则显示了名士风度，常有变化，而且不拘形式，时而正楷，时而行书，时而草书，均功底了得，字里行间，透出欧体遗韵，且挥洒自如。在印章的使用上，俞平伯和周作人差异不小。俞平伯一般不盖印，只落名，即使钤印，也极其例外，只在书写的诗词上才讲究地盖上印章。而周作人不然，对印章的使用似乎情有独钟到痴迷的程度，每封信都不可或缺，而且多多益善，名章、闲章、边款等一应俱全，琳琅满目，相映成趣。有时二人也玩点小幽默，比如俞平伯请周作人为其著作写序，周作人复信云：“即以其人之纸，还致“其人之身”。有一回，周作人得一枚“齐东陶父”的白文印章，在给俞平伯的信中作为闲章打上，算是炫耀吧。周作人还在旁边不无幽默地写道：“借他人的图章，盖自己的信纸。”这些都说明二人的关系确实随和至不一般了。

如前所述，周作人是章太炎的学生，章太炎的老师正是俞樾，从辈分上讲，俞樾是周作人的师祖了。所以，周作人一进北大，便对学生俞平伯另眼相看，就一点也不奇怪了。待时间一久，又发现彼此在思想和情趣上有太多相似之处，便自然地由师生关系发展成亦师亦友的关系，甚至朋友情谊多于师生情谊。

在近半个世纪的交往过程中，书信成为他们交流的重要方式。“上至生死兴衰，下至虫鱼神鬼，无可不谈，无可不听，则其乐益大，而以此例彼，人情又复不能无所偏向耳。”（周作人《杂拌儿之二》序）作为老师的周作人，在为俞平伯撰写的多篇序跋里，多有溢美之词，认为俞平伯的散文深得晚明小品文的影响，并发扬了晚明小品文的特色，词采绚丽，色泽清雅，看似不经意间的信手拈来，实质是经过反复的推敲。而且，俞平伯的文风自创一种新旧杂糅、飘逸婉曲的独特风格，在中国现代散文中独树一帜，自成一家。周作人在俞平伯所著《杂伴儿》的题记里如是说道：“平伯所写的文章自具有一种独特的风致。这风致是属于中国文学的，是那样地旧又这样地新。……现代的散文好像是一条湮没在沙土下的河水，多少年后又在下流被掘了出来，这是一条古河，却又是新的。”在《杂拌儿之二》序里又说：“我们生在这年头儿，能够于文字中找到古今中外的人听他言志，这实在是一种快乐。”周作人这样的评价或定论，从某一个方面也影响了俞平伯以后的创作倾向。我很赞成孙玉蓉女士在《俞平伯散文选集》（百花文艺出版社 1990 年 6 月版）序里评价的话：“俞平伯的散文属于周作人这一流派：周作人的散文冲淡，废名的散文比较苦涩，俞平伯的散文则介于两者之间，比较雅致。他早期的散文反映的多是知识分子的情趣，很少触及重大现实问题。三十年代写作的随笔和杂感，语言更简净，意境也益深厚，对社会现实问题有所触及，表达得却很隐晦。他的年事愈高，文笔愈简古，绚

废名（1901－1967），本名冯文炳，湖北黄梅人。中国现代作家，学者。

《新月》杂志月刊第1卷第1号，1928年3月由徐志摩、罗隆基、胡适、梁实秋等任编辑。

烂之极，自归平淡，至今看来仍有一定的艺术生命力，给读者以有益的启迪。”不过，孙女士的评价还是留有余地的，“仍有一定的艺术生命力”评价偏低，以我的阅读趣味来看，论艺术生命力，当代散文家族里的优秀分子也只能望其项背吧！

从这本通信集中，我还注意到，二十世纪二十年代末到三十年代中期，俞平伯和周作人的通信更为密集。细究一下俞平伯那段时间的生活情状，有和睦的家庭，有稳定的工作，有骄人的成就，可用“安逸平静”来形容，写作、发表、出版、研究、教书等都顺风顺水，加之有一批谈得来的朋友和三十岁左右充沛的精力，可以说，这是他人生最精华的时间段。比如他在 1928 年 5 月，刚刚编定《杂伴儿》之后，就着手写作《燕知草》。在通信中，对这些安逸的情趣和写作上的心得、进度等，和周作人不时有所交流。在 1928 年 6 月 23 日的信中，俞平伯告诉周作人，他要继续写作《燕知草》里的散文，准备暑期编出。同时也轻松地聊道燕大的“薪水支票尚未见送来，好在节关已过亦不亟亟也”。说到陈师曾为周作人所刻“周作”朱文印章边款，俞平伯说：“所示陈刻印文见了边款始恍然，前评虽未当，幸尚不大谬。”短短的一封信中，所谈诸事都极其从容淡定，其平和的心态可见一斑。而他的散文也越发地渐入佳境，新诗写得少了，散文、随笔写得多了，特别是散文的语言，亦文亦白，文白杂陈，这种写作手法也颇受周作人赏识。

这种互相赏识，在他们的创作上也互为影响。1930 年 5 月，《骆驼草》周刊在北京创刊，主编是周作人四大弟子之一的废名，废也是俞平伯的朋友，一时间，这本小型周刊汇聚了以周作人、俞平伯等一批京派文人为主的作品，加之有着鲜明的独立精神和艺术趣味，“文学京派”因此呈现雏形。但是，这本小周刊却遭受到左翼作家的批评，连带挨批的还有周作人和俞平伯。俞平伯对这些声音不以为然，在《又是没落》的文章中，发出了自己的声音，也算是反驳吧。俞平伯说：“什么是没落？我一点也不懂，并可以说昨儿在苦雨斋把没落挂在口角上的各位师友，也没有一个真懂得的……”俞平伯的这番言论是对左翼文学家们对《中年》批判的答复。《中年》这篇文章俞平伯于 1931 年 5 月 21 日写毕，发表于当年 7 月《新月》月刊第 3 卷第 9 期上。俞平伯在文章中写道：“当遥指青山是我们的归路，不免感到轻微的战栗。可是走得近了，空翠渐减，终于到了某一点，不见遥青，只见平淡无奇的道路树石，憧憬既已消释了，我们遂坦然长往。所谓某一点是很难确定的，假如有，那就是中年。”俞平伯的比喻中掺杂了不少个人的情绪。“我也是关怀生死颇切的人，直到今年方才渐渐淡漠起来，看看从前的文章，有些觉得颇已渺茫，有隔世之感。”这些话多多少少透出一丝苍凉，也有一丝无奈。但是，《中年》显然是俞平伯比较得意的一篇散文，刚一写完就给周作人看了，并在 1931 年 5 月 27 日的信中有所提及。

促使俞平伯写文反驳的还有一层缘由，这便是周作人的那篇《中年》。周作人这篇文章，比俞平伯的《中年》要早一年多完成，发表在《益世报·副刊》上。周作人在《中年》中写道："我决不敢相信自己是不惑，虽然岁月过了不惑之年好久了，但是我总想努力不至于不惑，不要人情物理都不了解。本来人生是一贯的，其中却分几个段落。少年时代是浪漫的，中年是理智的时代，到了老年差不多可以说是待死的生活罢。然而中国凡事是颠倒错乱的……假如我们过了四十却还能平凡地生活，虽不见得怎样得体，也不至于怎样出丑，这实在要算是徼天之幸。……年纪一年年的增多，有如走路一站站的过去，所见既多，对于从前的意见自然多少要加以修改。不过，走着路专为贪看人物风景，不复去访求奇遇，所以或者比较地看得平静仔细一点也未可知。"

依他们二人私交如此之好，加之周作人对俞平伯思想和情趣上的影响，俞平伯的《中年》是一定受了周作人的《中年》的启发的。这种启发有多大呢？周作人写作此文时四十六岁，已经是名副其实的中年了。而俞平伯才三十二岁，称中年，无论如何都很勉强。但因为有了"影响"，这样的勉强便有了可能。这就可以看出来，俞平伯的思想受周作人的影响有多大了。到了1932年，俞平伯在《代拟吾庐约言草稿》中写道："生命之脆也，吾身至小也，人世至艰也，宇宙至大也，区区的挣扎，明知是沧海的微沤，然而何必不自爱，又岂可不自爱呢。"

可惜的是，《周作人俞平伯往来通信集》里，虽然收有不少幅书信影印件，但却不是二人通信的全部，不能展示二人书信全面的风采，不能不说是遗憾！好在他们二人的后人，即周丰一、俞润民编了一本《周作人俞平伯往来书札影真》，由北京图书馆出版社彩印出版，弥补了这一缺陷。

翻看俞平伯和周作人的通信，信的本身是愉悦的，而从信中披露出的许多鲜为人知的信息，更让我们受益匪浅。

中年南游

前文写到的《中年》，是俞平伯散文名篇，引起过争论。但文中所表露的心绪却不一定是虚拟的，基本上代表了俞平伯那一阶段的思想和情状。“当遥指青山是我们的归路，不免感到轻微的战栗。（或者不很轻微更是人情）可是走得近了，空翠渐减，终于到了某一点，不见遥青，只见平淡无奇的道路树石，憧憬既已消释了，我们遂坦然长往。所谓某一点原是很难确定的，假如有，那就是中年。”“再以山作比。上去时兴致蓬勃，唯恐山径虽长不敌脚步之健。事实上呢，好一座大山，且有得走哩。因此凡来游的都快乐地努力地向前走。及走上山顶，四顾空阔，面前蜿蜒着一条下山的路，若论初心，那时应当感到何等的颓唐呢。但是，不。我们起先认为过健的脚力，与山径相形而见绌，兴致呢，于山尖一望之余随烟云而俱远；现在只剩得一个意念，逐渐地迫切起来，这就是想回家。下山的路去得疾啊，可是，对于归人，你得知道，却别有一般滋味的。”这是《中年》中两段精粹的话。这种“想回家”的中年心境，是每个到了中年的人时不时会冒出来的，萦绕在心头，挥之难去。在北京一住又是这么多年的俞平伯，不像当年住在苏州、住在曲园时的少不更事，也不像住在杭州、住在俞楼时的年轻多梦。现实的处境，渐渐安逸，说好听点是冲淡平和，回归自然。实则是日子过于琐屑而无生气，创作的冲动也日渐消磨减退，没有什么事情可以引起他情绪上的大起大落了。

那一时期的文化人大都忙于这么几件事：争吵，办刊，结社，出书。这些事俞平伯似乎都参与了，又似乎都浅尝辄止，不去深入，也不去争地盘。作派、心境上更趋近于明代文人。

1933 年暑期结束后，俞平伯还有一段闲暇时光，干什么呢？自然地，便开始实施“南归”计划。

仅从热爱旅行这一点上来说，要是放在当下，俞平伯绝对是一个超级“驴友”，就是带着帐篷走天涯也有可能。不过俞平伯的秉性，是决不会带着帐篷旅行的。他是享乐主义者，要住旅店，吃馆子，会朋友，关键是要唱曲，游山玩水固然有趣，有一大堆心仪的朋友清谈、唱和是其旅行的重要目的。带着帐篷住在荒山野岭，啃着冷干粮，就着白开水，不是他要的那种旅行。所以，他的这次南游是拖家带口的——身边有夫人和儿子。时间也足够充裕，长达一个多月，这自然就要访亲问友了。

如前所述，俞平伯热爱旅游，每年都有若干次，行程有远有近，有山有水也有庙宇。《俞平伯年谱》中多次记录他出游的时间和地点，他自己也写有多篇诗文，要是有人想编一本《俞平伯旅游诗文选》，也许是一个不错的选题，俞迷们一定会拍手叫好。这次中年南游，恰逢他跟清华大学闹加薪的小风波之后，因为考虑到他的情绪，校长、院长、系主任冒雨连夜到他家里说明情况。如此一来，俞平伯表示理解清华的难处。但他面子上还是下不来，于是于 6 月下旬向清华大学辞聘。6 月 22

日在给叶圣陶的信中，谈及了此事，说因校方进行了挽留，还有看在好友朱自清是系主任的情面上，也就没有坚决要辞。但中年心境还是在信中留露了出来："'碌碌如恒，乏善足陈'此八字近之。从前易伤感，多愤懑，近则木木，进步退步竟不了了。——殆以不了了之耶？报上的事了了者十之一二，不了了者其八九，读之闷闷。"俞平伯基本上是带着这样的心境和家人出游的。

俞平伯这次出游也做了些功课，从出门第一天就开始记日记，很细，一时一地，吃什么馆子住什么饭店，见哪些人谈哪些事，就连坐什么车划什么船，都有记录。结束后，自然形成一篇《癸酉年南归日记》，足足有六七千字之多，虽然是日记体，文笔却纯熟老道，文白杂糅，间或的一两句描写，也是情到意到。本想再做一回文抄工，把这篇"日记"全文引用，想想还是作罢。喜欢俞平伯文章的朋友，一定通篇读过的。没读过的新朋友，因为我这篇文字而喜欢俞平伯了，也可以去找这篇"日记"来读。

俞平伯老朋友王伯祥之子王湜华在《红学才子俞平伯》里，对这次南游有过概括，其中有这样的文字："苏州是俞平伯的出生地，自然就多了还里寻旧的雅兴。他独登北寺塔，临眺姑苏城，远望虎丘山，又约亲友同游近在咫尺的怡园等，都有幼时悭缘，这次回来补足之意。""到杭州……这时俞家已不住在俞楼，大画家申石伽住在那里。他们到俞楼既访友，又访老宅，此中情怀，虽不细言，已多拳拳之意。"

是的，杭州和苏州，这两个地方对他影响太大，无论是个人的成长、性格的形成，还是亲朋故友，都和苏杭密不可分。这篇日记中出现过的各种名词，如地名、人名、桥名、庙名、饭店名等等，读起来都让人觉得十分亲切，有似曾相识之感，随便罗列几条：虎丘，松鹤楼，马医科，实积寺，塔倪巷，怡园，阳澄湖等等，这是苏州的。再看杭州：花牌楼，湖楼，广化寺，法公埠，杨梅岭，法相寺，葛阴山庄，白堤，

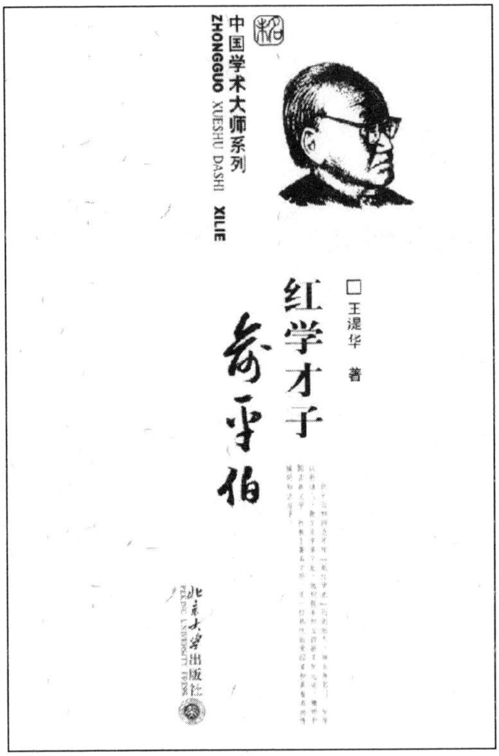

《红学才子俞平伯》

苏堤，月下老人祠，坚匏别墅，清河坊，西溪，秋雪庵等等，在他从前的诗文中都有提及或描写。“花牌楼”是第一次听说，却也不陌生。周作人的文章里多次提到，这是杭州一个普通的街巷，周作人因为当年陪侍祖父时在花牌楼住过，认识了杨家三姑娘并产生初恋，还专门做了一篇《初恋》的小文，一时成为名篇。俞平伯到花牌楼，是去访“劳组云表弟”的，算是亲戚间的正常走动。

我注意到这篇日记标题里的“南归”二字。我的理解，“南归”就是归乡之游的意思。可见俞平伯仍把北京当成客居之地，而把苏杭当故乡的。所以，两年以后的 1936 年暑假期间，俞平伯偕夫人再次南游。这次时间较短，没能去成杭州，在苏州的两三天时间却也十分有意义，就是到蒲林巷的百嘉室，探访昆曲老师吴梅先生。吴梅被誉为“近代著、度、演、藏各色俱全之曲学大师”，俞平伯早在 1919 年就拜他为师了。俞平伯对他的老师敬畏有加，老先生年轻时就全力搜求各种戏曲典籍，通过数十年的艰辛搜罗，收藏有六千余种，其中有不少善本、孤本，成为首屈一指的藏曲大家。吴梅一生省吃俭用，唯一的嗜好就是搜罗戏曲孤本，他曾谈道：“余生寒俭，无意藏弆，而朋好中颇有嗜旧刊者，朝夕熏染，间亦储存一二。始则乾嘉校定诸本，继及前代珍密诸书。架上日丰，箧中日啬，饔餮不继，室人交谪，此境习以为常也。嗣后授徒北雍，闻见益广，琉璃厂、海王村、隆福寺街，几无日不游，游必满载后车。”这就是吴梅，为了搜求曲本，真是花了大本钱啊！关于他的藏书，沪上补白大王郑逸梅先生在其所著的《霜厓先生别传》中这样写道："某大学图书馆拟出若干万金收购之，先生不之让也。”郑振铎在《记吴瞿安先生》一文中说："我到苏州去找他，在他书房里翻书，见到了不少异书好曲。他从来不吝惜任何秘本。他很殷勤地取出一部部的明刊传奇来。我有点应接不暇。我们一同喝着黄酒，越谈越起劲。”

这次俞平伯和夫人来苏州，可以说主要就是来看望老师的。吴梅此时患喉症，已经不能唱曲了。俞平伯唱曲的底子是吴梅一手调教的，对曲学的整理、研究，也是受他影响的。俞平伯不能忘了老师，他在闻知先生患病后，便偕夫人赶赴苏州，这也是情理之中的事。第二天宴聚时，为提雅兴，俞平伯在老师面前唱了《牡丹亭》中的《拾画》《惊梦》两折，俞夫人也唱了两折。在座的还有不少苏州的曲家，听了俞平伯夫妇的演唱，欢喜之余，怕是有些百感交集吧！一代曲学大师因喉症已经不能发声了，他慈祥的面容上依然保留着对曲学的挚爱和向往，这是使学生稍感欣慰的吧。

中年后的两次南游，有一个共同点：唱曲。头一次更为从容，虽然大部分时间都在江南阴雨中，但唱曲的机会多，苏州、上海、嘉兴、杭州等，几乎每到一处都曲音悠扬。而各种馆子吃得也好，相聚的好友也多，还看望了许多亲戚。关键是身边一直有家人陪伴。后一次看望老师，虽然多有开心之处，但看到老师即将老去的伤感，心情想必会受到影响的。

北京苦雨中

有十多年时间，居住在北京的俞平伯生活得安逸而太平。在清华大学任教，在北大、女师大等大学也有课程，和周作人、陈寅恪、钱玄同、沈尹默、顾颉刚、朱自清、浦江清、马幼渔、沈兼士、江绍源、叶公超、徐耀辰、废名等为好友，常常相互宴请、唱和、谈诗论文，和在上海的叶圣陶、王伯祥、郑振铎等也互通声息，真是谈笑有鸿儒，往来无白丁。后期的谷音社（秋荔亭）也常有曲事活动，乐声不绝。上有老下有小的大家庭十分和谐，似乎没有要烦心的事。高兴不高兴时，都会外出玩玩，有时和家人，有时和友人。写写字，读读书，做做文，填填词，教教书，唱唱曲，这就是他的全部生活了。有时候也觉得钱不够花，写信跟周作人发发牢骚，说北大的维持费也不能准时发。有时候也会闹点“中年情绪”，甚至像个老小孩一样，跟担任清华大学中文系主任的好友朱自清闹着要求加薪，加薪不成就要辞职。但这些不过是人生小趣味，总体上，他的古代文人士风的风度并未减弱。所以，这一时期的俞平伯，度过了他人生最美丽的时段。

1937年，对于所有中国人来说，都是要记住的一个年份，七七事变爆发了。国难当头，每一个中国人都受到了影响，俞平伯也不例外。偌大的中国，已经没有地方可以放一张书桌安静地读书写作了。这时候的俞平伯，面临着人生重大选择：是随学校迁走，还是苦居北平，俞平伯开始犹豫和彷徨了。

在这之前的五月，俞平伯刚刚享受了学校特批的一个待遇：在国内休假研究一年。这是清华大学校务评议会批准的。这个待遇，必须是任教满五年的教授才有资格申请。也就是说，如果不是日本人发动全面的侵略战争，俞平伯在1937年下半年至1938年上半年的这个学年里，可以做一年的休假研究（事实上学校也执行了这次决定，但因为事变的发生，对俞平伯个人的影响十分巨大）。对一个学者来说，这该是多么宝贵的机会啊。事变发生后，俞平伯的计划显然无法实施了，他心里焦急，替国家，替学校，也替个人。他多次跟同仁、学生打听学校的消息，得到的回答都是悲观的。8月7日这天上午，俞平伯偕夫人从老君堂出城，回清华大学新南园寓所取衣物，途中见到“海淀街遍悬日本旗”，他深深地受到刺激，心情十分沉重。坐在车上的俞平伯，眼睛不敢望向窗外，但窗外的情形已经刺疼了他的心。

清华大学的师生已经陆续离京。此时的俞平伯权衡再三，做出了苦守北平的决定。8月11日下午，好朋友朱自清来老君堂，两位老友相对而坐，面色阴郁，心情沉重，都为国家的前途担忧。在谈到清华大学师生南下的事时，俞平伯表达了自己想留下的愿望，并劝朱自清也考虑一下。据《朱自清日记》记载，俞平伯劝朱自清留在北平等待观察一段时间：“认为目前南去并不明智，南方局势亦不平静。现难以找到工作，而且对人们说来，北平在不久的将来是最安全处。”俞平伯的想法开始在朋友们之间传播。此后的十多天时间，他频繁地和朋友们见面，冯友兰、潘光旦、汪健君、钱稻孙、徐耀辰、周作人、废名、朱自清、赵鹤岩、华粹深、林庚等，少不了和他们评估局势，也一定流露出了苦居北平的想法。一旦坚定了某种信念，日子也便一天天地过了起来。俞平伯开始跟废名学习打坐，坐下来抄写《埋玉》曲谱、阅读《海陬冶游录》等闲书，还和夫人一起去了趟北海公园，出城去清华大学新南院整理书籍，甚至邀请周作人到德国饭店吃了一顿。但他内心空虚是不可避免的，在 9 月 2 日致周作人的信中，他感谢其惠赠《骆驼草》合订本，说“暇时翻读亦殊觉其充实”，那么不暇闲时，想必也是无所事事吧？而他的情绪呢？“唯自己的文章却不敢去瞅他，以犹是民八式，在各家中当坐红椅子。当日何竟不惭，亦可怪已。”9 月 5 日傍晚，听说日军已经驻入清华大学新南院，俞平伯心中无比悲愤，感慨居住数年的寓所从此不可复居矣。9 月 6 日，他在日记中写道：“自庚午晚秋移砚西郊，于兹七载，遭逢离乱，一旦弃之，仍返住槐屋，触类如故，无休止如一梦也。”

在接下来长达八九年的苦居中，生活自然成了大问题。俞平伯是个除了教书别的做不来的文人。他曾说过，自己工商士农一概不通。在苦居北平最初的一两年中，靠以往的积蓄大概还能勉强为生，往后怎么办呢？俞平伯可能还没有这样的规划，除了跟陈延甫学学拍曲，就是读读经书了，《大般涅槃经》《维摩诘经》《大藏严论》等都是他常翻的书，他还从周作人那里借别的经论方面的书来看。俞平伯不是研究佛学的，看这些书，只能说明时间太富余了。1937 年 12 月 13 日国民政府首都南京沦陷，俞平伯闻讯，思绪万千，作寄题莫愁湖一联：“依稀兰桨曾游，只而今草长莺飞，‘寒艳不招春妒’；叹息胜棋难在，又何论龙蟠虎踞，‘伤心付与秋烟’。”可以想见，那一时期的俞平伯情绪低落到了极点，只和有限的几个朋友来往，写写字，题题诗，在应嘱为徐北汀所临《溪山清远图》题词二首中，表达了作者对国土沦丧的凄惋之情。一个学期很快过去了。1938 年暑期，俞平伯一年休假期满，清华大学新的聘书如期而至。俞平伯在犹豫几天后，给西南联大清华大学梅贻琦校长写一封信，说明因侍奉父母，加上自身体弱，“近复多病”，“只身作万里之游”赴西南联大任教有困难，请假一年，“俾得从容料理”好家事，再作打算。写完这封信后，俞平伯算松了一口气，但依然“近怀殊不佳，赋诗言志而工力太差，志复不达”（1938 年 9 月 14 日至周作人信）。但是当他在周作人苦雨斋看到胡适敦促周南下的白话诗时，感触颇深，一方面加深了对胡适的看法，“钦迟无极”，另一方面，也联想到自己，心里真是五味杂陈啊！胡适的诗很别出心裁：

藏晖先生昨夜作一个梦，
梦见苦茶庵中吃茶的老僧，
忽然放下茶盅出门去，
飘然一杖天南行。
天南万里岂不太辛苦？
只为智者识得重与轻。
梦醒我自披衣开窗坐，
谁知我此时一点相思情。

常爱写梦的俞平伯，对胡适的这个“梦”当然清楚，对他的“相思情”也了然于胸。但是俞平伯了解周作人，也不能劝什么。何况以他自己的处境，又有什么资格劝人呢？

好在俞平伯找到了一份工作，到私立中国大学国学系任教，讲《论语》和《清真词》，收入虽然不高，总算有了工作，可以暂时排遣一下心中的落寞和空虚。

俞平伯生活的艰辛和情绪的低落，周作人也看在眼里，他便给俞平伯写信，请俞平伯接替他在燕京大学国文系的课，讲授现代散文。此时，社会上已经纷纷传言，说周作人准备接任伪职。俞平伯孰轻孰重还是十分清楚的，他立即回信，婉辞了周作人，还找了三个理由："一则功课非素习，以前从未教过，亦难于发挥。清华欲开现代散文班，玄公来决，曾辞却。二则接先生之席，即感难继，恐生徒不满意。三则继去年事变后，即畏涉远西郊。"明眼人一看便知，此三条都是站不住脚的推诿话。郭绍虞也曾去找他，请他到燕京大学去教课，在给郭氏的信中，同样婉辞。周作人仍不死心，再次请他，俞平伯还是客气地辞谢了，在 1939 年 1 月 11 日信中说："燕大之未能往，除怕走以外，实亦怕教。"

此后一直到抗战胜利，俞平伯只在私立的中国大学教点课，一周只有两小时，收入很少；此外，家里还收几个学生，收点代课费，生活算是对付下去了。

那一时期的俞平伯是个什么样子呢？从当时的一些文字和书信中，能够看出一些面貌来。1943 年 10 月《风雨谈》第 6 期，有一篇署名穆穆的文章，标题为《俞平伯先生》："第一次和俞平伯见面是我在 C 大学读书的时候，那时我是大学三年级，有他授的《清真词》，等到上课钟响了，一个很矮的个子，一身胖肉，穿着一件宽大的衫子，夹着一个已经破旧了的皮包，鼻梁上架着两片白色的眼镜，最刺眼的是刚刚在四十个年龄的头，满载着一堆白发，如果在别处见到他，我决不会想到这就是久已闻名的俞平伯先生。"从文中分析，"C 大学"就是中国大学，描写的俞平伯应该是在 1940 年前后。作者接着又写道："俞先生的心是那么静，像他的散文一样的幽美，不多说一句费（废）话，好像脑海总在想着什么。"

1942 年 6 月 1 日《万人文库》旬刊第 15 册上，也有一篇小文章，作者是夏简，文中透露他和几个青年人去采访俞平伯时的一些细节，在形容俞平伯的外貌时，是这样说的："已经苍白了头发。中等的身材，穿着一袭薄棉袍，外面罩着蓝市布褂，下面着一双礼服呢皂鞋。两只清澈眼睛却还带着活泼的光彩，时时透过无缘白水晶眼镜，发出真诚的笑。"又说："（他）不时把滑到旁边的长袍的襟，整正过来……今天看见俞先生，我仿佛第一次看见了'文质彬彬'的人，仿佛才觉得了'文质彬彬'的意味。"从文中描写的情境来看，作者访问俞平伯的时间，大约是在这年的年初。在问俞平伯最近是否还经常写作时，俞平伯答道："不大写。发表的地方很少。"说起家里还收有几个学生时，俞平伯说："这比较费时间。此外做一些研究的工作。"在被问道是否经常外出时，俞平伯回答说经常外出，"不过别家不大去，只常到几家亲戚家走走。"文章中还透露，俞平伯未发表的文章还有很多，"其中考据以外还有文学、思想等方面的著作。"说到好友朱自清时，俞平伯说："好久无信了，大概生活很清苦罢。"说罢，"微微露出伤感，但仍然保持着安静的态度。"这篇文章虽然只有千把字，却透露了很多信息，今天读来，俞平伯当时的情状跃然纸上，仿佛就坐在我们面前。他说朱自清清苦，自己何尝又不清苦呢？一个名教授，只靠带几个学生度活，一周两个钟点的课，稿子无处发表，据说，后来他家中又两度遭遇窃贼，衣物财产损失惨重，境况更为困窘，不得不将家中旧物标价售卖，当初风雅一时的"古槐书屋"变成了旧货市场，俞平伯还亲自在一旁记账。

文章中说俞平伯的作品无处发表，应该是确实的，主要是他不愿意在一些有日伪背景的杂志上发表。但是，到了1943年他又一连发表不少文章，并受到朱自清的批评。这是怎么回事呢？这还得从好友朱自清说起。身在昆明西南联大的朱自清，太了解周作人和俞平伯之间的关系了，周作人"落水"后，朱自清十分担心俞平伯会受周作人的影响，把他给裹了进去，带来灾难性的后果。事实上朱自清因此曾给俞平伯寄过三首七律，其中一首云："思君直溯论交始，明圣湖边两少年。刻意做

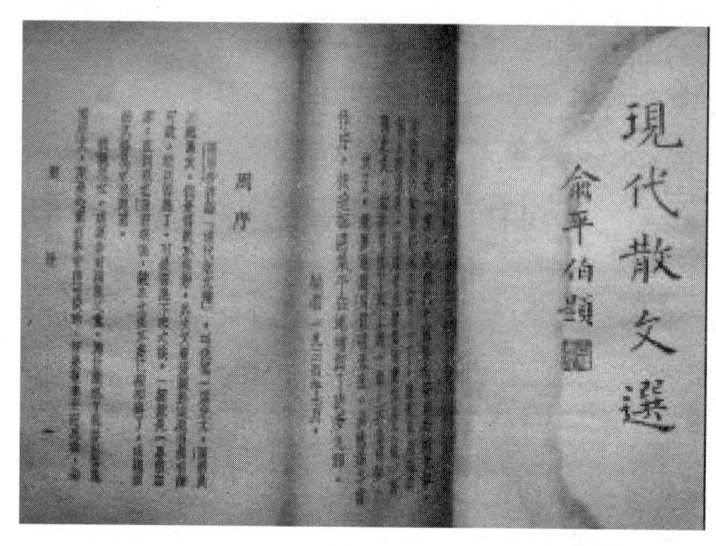

孙席珍编俞平伯题《现代散文选》上下册，1935年北平人文书店初版。本书为五四新文化运动后现代白话散文的集大成专集。封面有水渍，内页基本没有影响，书前有周作人的序。

诗新律吕，随时结伴小游仙。桨声打彻秦淮水，浪影看浮瀛海船。等是分襟今昔异，念家山破梦成烟！”这首诗回溯当年少年时的意气，情景交融，十分动情。这种特殊时候的回忆，表达的并非文人雅士平素酬唱的一般情感，而是暗示一种心存光明、理想，不被恶环境影响和屈服的意念。另一首就更为直白了：“忽看烽燧漫天开，如鲫群贤南渡来。亲老一身娱定省，庭空三径掩莓苔。经年兀兀仍孤诣，举世茫茫有百哀。引领朔风知劲草，何当执手话沉灰！”这一首写出了朱自清能够深切地体会俞平伯苦居北京的现状：虽举世茫茫，仍能“兀兀孤诣”，如劲草般“引领朔风”。但是，事情还是发生了一些变化。1943 年前后，北平几家有敌伪背景的杂志如《华北作家月报》《艺文杂志》《文学集刊》等，陆续刊出俞平伯几篇文章。比如《音乐悦乐同音说》，就发表在 1943 年 7 月 1 日出版的《艺文杂志》第 1 卷第 1 期上，《词曲同异浅说》发表在《华北作家月报》第 6 期上，《谈〈西厢记·哭宴〉》发表在《文学集刊》第 1 辑上。朱自清知道，这些杂志与周作人都有密切联系，俞平伯一定是赖不过老师的情面才供稿的。如此一来，俞平伯岂不一步步陷了进去？特别是《艺文杂志》所选文章，以读书随笔、古典文学研究笔记为主体，这是俞平伯极为擅长的文体。所以，前七期里，《艺文杂志》发表俞平伯的文章有六篇之多。远在昆明的朱自清一方面替老友担心，一方面很生气，马上千里驰书，力劝俞平伯不要再发表文章。接信后，俞平伯理解老友的苦心，回信解释说“情面难却”，“偶尔敷衍而已”云云。但是，朱自清认为此事并非这么简单，1943 年 11 月 22 日他再次致信俞平伯，叙述自己在大后方的苦苦撑持：“弟离家二年，天涯已惯，然亦时时不免有情也。在此只教读不管行政。然迩来风气，不在位即同下僚，时有忧谗畏讥之感，幸弟尚能看开。在此大时代中，更不应论此等小事；只埋首研读尽其在我而已。所苦时光似驶，索稿者多，为生活所迫，势须应酬，读书之暇因而不多。又根抵浅，记忆差，此则常以为恨者，加之健康渐不如前，胃疾常作，精力锐减。弟素非悲观，然亦偶尔慄慄自惧。天地不仁，仍只有尽其在我耳。前曾拟作一首，只成二句曰：‘来日大难常语耳，今宵百诵梦魂惊’，可知其心境也。”信的最后，对俞平伯前信的含糊态度予以驳回：“前函述兄为杂志作稿事，弟意仍以搁笔为佳。率直之言，千乞谅鉴。”俞平伯看到信后，受到极大的震撼，“他是急了！非见爱之深，相知之切，能如此乎？”从此，除了几篇存稿发表，俞平伯便不再给这些杂志写稿了。

俞平伯苦居北京，以私立中国大学为根据地，还不断地介绍友人到该大学任教。1943 年，在他的建议下，该大学的国学系改为文学系，他自任系主任。1944 年 10 月 16 日，唐弢先生在北京处理完鲁迅藏书问题后，访北京图书馆，结束后，想起俞平伯，便决定到老君堂去看看。唐弢在《古槐书屋》一文里有这次访问的记述：俞平伯那时候四十三四岁，“步履轻盈，却很缓慢，稳重过于潇洒”，在讲了一点上海

《晦庵书话》

的情况和北京的一些熟人之后，“请求他写几首自做诗，他问了我的地址。查旧日记，他是两天以后，即18日下午到西总布胡同的，我却出去了，没有遇上。他留下名片及字一幅，书诗三首，两律一绝，其中的一律是：野塘十顷几荷田，一水含清出玉泉。菱蒂无端牵旧恨，萍根难植况今年！红妆飘粉谁怜藕？翠袖分珠不是圆。莫怯荒城归去早，西山娟碧晚来鲜。”唐弢读了之后，非常高兴，“藕”谐“我”，“圆”谐“缘”，“用苏州土话念起来，更是意义逼真。”“一水含清出玉泉”和“西山娟碧晚来鲜”都是双关语，表达了俞平伯“索居荒城、一片清白的心境”。

只因“红楼”累终生

晚年的俞平伯，对研究《红楼梦》似乎有些“后悔”的意思。唐琼有一篇采访俞平伯的文章，叫《俞平伯往事如尘》，文中说：“俞氏从来不承认自己是个‘红学家’，只说小时候读过这部书。”俞平伯也亲自说过：“她（夫人）并不赞成我研究《红楼梦》，而且对我研究《红楼梦》本身就不太佩服。”许夫人的“不太佩服”，其实也是他自己的心声。“在俞府，可谈唐诗宋词，论语左传，甚至古今中外，唯独禁谈《红楼梦》。”唐琼的这篇文章采访于1986年，俞平伯已经八十七岁高龄，为什么还“耿耿于怀”《红楼梦》呢？早一年的1985年，俞平伯在《关于治学问和做文章》中也说：“我看‘红学’这东西始终是上了胡适之的当了……现在红学方向就是从‘科学的考证’上来的；‘科学的考证’，往往就是繁琐考证。《红楼梦》何须那样大考证？又考出了什么？”俞平伯去世以后，王湜华先生将俞平伯临终遗言的内容在《〈红楼梦〉学刊》1991年第2辑中作了披露：

在《乐知儿语说〈红楼〉》中，他说：

“《红楼梦》好像断纹琴，却有两种黑漆：一索隐，二考证。自传说是也，我深中其毒，又屡发为文章，推波助澜，迷误后人。这是我生平的悲愧之一。”

“一切红学都是反《红楼梦》的。”

“笔者躬逢（红学）其盛，参与此役，谬种流传，贻误后生，十分悲愧，必须忏悔。”

“（考证派红学）下笔愈多，去题愈远。”

“我仅是读过《红楼梦》而已，且当年提起红学，只是一种笑谈，哪想后来竟认真起来！”

“既已无一不佳了，就或误把缺点看作优点；明明是漏洞，却说中有微言。我自己每犯这样的毛病，比猜笨谜的，怕高不了多少。”

“如能把距离放远些，或从另一角度来看，则可避免许多烟雾，而《红楼梦》的真相亦可以稍稍澄清了。”

俞平伯

王湜华的文章一经传播，可以说在“红学”界引起轩然大波，众说纷纭，使“红学”界又热闹了一阵子。我不搞《红楼梦》研究，也无意去研究，但我非常愿意借写这本书的机会，梳理一下俞平伯当初的研究经历，追寻他“后悔”

之路的一点蛛丝马迹。

新文学运动发轫之初，俞平伯写过小说，写过散文，更写过大量的新诗旧诗。学术研究方面，他感兴趣的也是历代诗词。至于研究《红楼梦》，虽然成果巨大，和胡适一起被誉为“新红学”的开山鼻祖，但是，回过头来看，俞平伯研究《红楼梦》，必然当中，存在很大的偶然性。说句中肯的话，当时他之所以研究《红楼梦》，除了小时候熟读而外，和四个人关系最大：一是他老师胡适，二是校长蔡元培，三是同学傅斯年，四是好友顾颉刚。前两位不用细说了，都有影响深远的红学专著，一位是考据派的领军人物，一位是索隐派的大笔杆。而傅斯年是因为同船赴欧，两人在漫长的旅途中为打发寂寞，才对《红楼梦》进行探讨细究的。这几人中，对俞平伯影响最大并最终使其成为红学家的，是顾颉刚。俞顾二人虽然同是苏州人，却较晚才在北大求学时相识。顾当时和傅斯年同住一宿舍，俞平伯常到傅斯年处谈说聊天，这才和顾成为好友。

说是顾颉刚对俞平伯的“红学”研究影响最大，还得从顾颉刚做学问之初谈起。顾颉刚毕业于北京大学哲学系，比俞平伯大七八岁，入北大比俞平伯早两年，毕业却比俞平伯晚（1920 年）。顾颉刚毕业以后，留校任北大图书馆助教，热衷于中国历史和古代文献典籍的研究和辨伪工作，同时也对中文书目的重编有着浓厚的兴趣。1920 年，俞平伯从欧洲回国以后，加入“文学研究会”，住到杭州岳丈家里，并在杭州一师找到了工作。这一时期，他的创作兴趣主要在新诗方面，交谊也主要集中在沪杭一带，《红楼梦》的研究可以说还没有“开张”。次年 2 月，俞平伯回北京家中，和好朋友顾颉刚经常见面。交流什么呢？在《红楼梦辨》中，顾颉刚有这样一段话：

一九二一年三月下旬，适之先生的《红楼梦考证》初稿作成。但曹雪芹的事迹和他的家庭状况依然知道的很少。那时候，北京国立学校正是为着索薪罢课，使我有功夫常到京师图书馆里，做考查的事。果然，曹寅的著述找到了，曹家的世系也找到了。平伯向来欢喜读《红楼梦》，这时又正在北京，所以常到我的寓里，探询我们找到的材料，就把这些材料做谈话的材料。我同居的潘介泉先生是熟读《红楼梦》的人，我们有什么不晓得的地方，问了他，他总是可以回答出来。我南旋的前几天，平伯、介泉和我到华乐园看戏。我们到了园中，只管翻着《楝亭诗集》，杂讲《红楼梦》，几乎不曾看戏。

这段话说得很明了，当年，在研究《红楼梦》方面，顾颉刚是先于俞平伯查到不少资料的，而且兴趣很浓，不但查了许多资料，就连看戏时都大谈《红楼梦》，甚至遭到后排观众的“讨厌”。但是，顾颉刚对《红楼梦》的研究，主要集中在“谈说”上，还没有下笔成文。此后不久，他继续和胡适通信，和俞平伯也以通信形式围绕《红楼梦》而展开研究了。这可以说是文学史上一段罕见的佳话，一个对《红楼梦》研究有独到见解的青年学人，几乎是把自己得到的研究材料和研究心得，毫无保留地贡献给别人，这说明什么呢？说明顾颉刚的无私？俞平伯在《红楼梦辨》的引论里说：“我友顾颉刚先生努力于《红楼梦》研究；于是研究的意兴感染到我。我在那年四月间给颉刚一信，开始作讨论文字。从四月到七月这个夏季，我们俩的来往信札不断，是兴会最好的时候。”那么，为什么到了第二年，俞平伯邀请顾颉刚一起整理来往信札，准备完成一部书稿时，顾颉刚以“太忙”而推辞了呢？“他又寄我一信，告我一点大概；并希望我和他合做《红楼梦》的辨证，就把当时的通信整理成为一部书，使得社会上对于《红楼梦》可以有正当的了解和想象……我因为自己太忙，而他在去国之前尚有些空闲，劝他独立将这事担任了。”（《红楼梦辨·顾序》）

可以说，到了这里，顾颉刚的《红楼梦》研究告一段落——他专心研究中国古代史去了。而俞平伯的《红楼梦》研究，以《红楼梦辨》一书的出版为起点，正式竖起了“红学”家的大旗。

我私心里一直存在这样的想法：胡适研究《红楼梦》，顾颉刚研究《红楼梦》，可他们只把研究当成“副业”。特别是顾颉刚，对于《红楼梦》的研究只是浅尝而已，而是把更多的精力投入到别的研究课题上。更客观一点说，在顾颉刚的心目中，《红楼梦》研究不过是一盘小菜，不值得他耗费精力和时间。但顾氏又不能这样说，或许当时他也拿不准，《红楼梦》研究会到一个什么层面上，既然胡适、蔡元培等著名文化人都来研究，俞平伯又何尝不可以呢？《红楼梦辨》出版以后引起的轰动，是俞平伯没有想到的。那么既然大家认可他的研究成果，他索性又写了几篇这方面的文章，包括札记，《〈红楼梦辨〉的修正》《修正〈红楼梦辨〉的一个楔子》等。但是，这时候的俞平伯还写了大量的新诗和散文，并陆续结集出版，在研究方面更趋向于古典诗词。一直到七七事变以前，俞平伯的生活相对安逸、平静，教教书，唱唱曲，搞搞创作，做做学问，时而也会“研究”《红楼梦》，但这已经退居到很次的位置了。

《红楼梦》研究再次给俞平伯带来影响，已经到1954年了。有人突然对俞平伯发难，针对他的《红楼梦》研究，名为讨论，实为批判。这还要从俞平伯校勘《红楼梦》说起。1953年初，北京大学成立文学研究所，俞平伯由北大教授成为研究员，被安排专业校勘八十回本《红楼梦》，校勘的副产品，辑成《脂砚斋红楼梦辑评》一书，由上海文艺联合出版社1954年12月出版。俞平伯在校勘过程中，又应香港《大公报》编辑的邀请，开设专栏，撰写“红楼梦随笔”，从一月到四月，共发表文章38篇。这一时期，俞平伯父亲俞陛云不幸去世，俞平伯因安葬父亲，欠下了债。叶兆言在随笔集《陈旧人物》里披露说，俞平伯为了还债，只好把《红楼梦辨》略作修订，“加上两篇小文章，换个书名出版。”所换的书名，就是后来大遭批判的《红楼梦研究》，“这一出版，很快遭遇了大批判，年轻的李希凡与蓝翎脱颖而出，迅速成名，俞平伯也因此成为资产阶级反动学术权威的代表。”

事实上，“卖稿葬父”还有更详细的版本，和文怀沙脱不了干系。20世纪50年代初，文怀沙在文化部工作，发表过一些东西，也算是文化人，基于这一点，俞平伯去访问他，说父亲去世，经济困难，没有钱办丧事，能否借一些钱。文怀沙是从解放区进城的干部，那时候这些干部是供给制，经济上还比较纯洁，要大道理能给一箩筐，借钱，没有！

紅樓夢研究
著者 俞平伯
出版者 棠棣出版社
印刷者 信誠印刷廠
發行者 長風書店
經售者 中國圖書發行公司
1952年9月初版 0001—3000
1952年11月再版 3001—6000

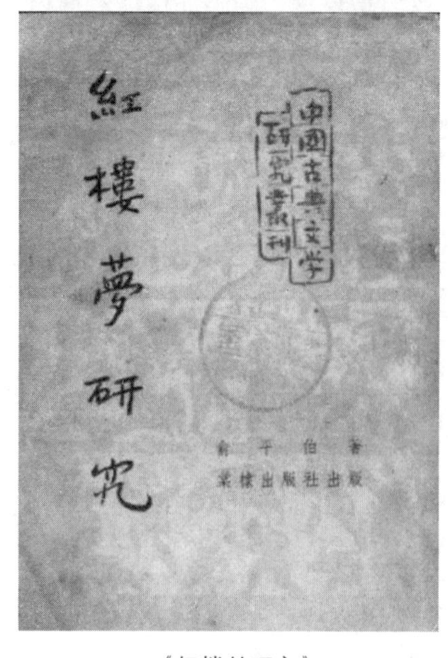

《红楼梦研究》

但文怀沙毕竟知道俞平伯是大学者，便出了个“馊”主意”，跟他朋友、上海棠梨书店的老板借了一笔款。这个棠梨书店也经营出版业务，当俞平伯给父亲办完丧事后，一时还不起这笔款时，文怀沙就让俞平伯把《红楼梦辨》修改一下，收入自己编的一套《中国古典文学丛刊》中。从俞平伯借钱开始，文怀沙是不是就有这样的打算，不得而知。俞平伯还债心切，只好照着文怀沙的安排办理了。新版的《红楼梦研究》也就以更快的速度传播开来，有了更多的读者，可谓“树大招风”了，1954年的那场风波，也就水到渠成。接着，便连续多年遭遇不公正待遇，直到1986

年才给他平反。这时候的“红学”已经热闹得过了头，研究“红学”成为“学界”的时髦，人人都想分一杯羹。俞平伯又跟着大红大紫起来，这里讲学，那里报告，旧书新版，消息不断。

然而，事实是什么情形呢？有些人是越老越糊涂，有些人是越老越清醒。在“红学”领域经过七十多年的沉浮，俞平伯这时候越发地清醒了。1985 年 5 月，他在《关于治学问和做文章》一文中深有感慨地说：我看“红学”这东西始终是上了胡适之的当了。胡适之是考证癖……现在红学方向就是从“科学的考证”上来的；“科学的考证”，往往就是繁琐考证,《红楼梦》何须那样大考证？又考证出了什么？

有人更是把俞平伯晚年关于《红楼梦》研究的言论辑录如下：

“一切红学都是反《红楼梦》的。即讲的愈多,《红楼梦》愈显其坏，其结果变成‘断烂朝报’，一如前人之评春秋经。笔者躬逢其盛，参与此役，谬种流传，贻误后生，十分悲愧，必须忏悔。

“开山祖师为胡适。红学家虽变化多端，孙行者翻了十万八千个筋斗，终逃不出如来佛的掌心。虽批判胡适相习成风，其实都是他的徒子徒孙。胡适地下有知，必干笑也。

“《红楼梦》好像断纹琴，却有两种黑漆：一索隐，二考证。自传说是也，我深中其毒，又屡发为文章，推波助澜，迷误后人。这是我生平的悲愧之一。

“胡适、俞平伯是腰斩红楼梦的，有罪。程伟元、高鹗是保全红楼梦的，有功。大是大非！”“千秋功罪，难于辞达。”

俞平伯先生临终时认为自己和胡适在《红楼梦》研究中“有罪”，是他对自己在红学研究中陷于误区而进行的彻底解脱，真正体现了俞平伯先生一生追求真理、光明磊落的非凡人格。

主要参考书目

《俞平伯全集》，花山文艺出版社 1990 年 11 月出版。

《俞平伯年谱》，孙玉蓉编纂，天津人民出版社 2001 年 1 月第 1 版，2006 年 10 月第 2 次印刷。

《俞平伯的后半生》，王湜华著，花山文艺出版社 2001 年 9 月第 1 版。

《红学才子俞平伯》，王湜华著，北京大学出版社 2006 年 12 月第 1 版，2007 年 5 月第 2 次印刷。

《俞平伯散文选集》，孙玉蓉编，百花文艺出版社 1990 年 6 月第 1 版。

《古槐树下的俞平伯》，孙玉蓉编，四川文艺出版社 1997 年 1 月第 1 版。

《俞平伯研究资料》，孙玉蓉编，知识产权出版社 2010 年 2 月第 1 版。

《周作人俞平伯往来通信集》，孙玉蓉编注，上海译文出版社 2013

年1月第1版。

《周作人俞平伯往来书札影真》，周丰一、俞润民编，北京图书馆出版社1999年6月出版。

《人生不过如此》，俞平伯著，湖南文艺出版社2002年2月第2版。

《周作人传》，钱理群著，华文出版社2013年1月1日出版。

《王伯祥传》，王湜华著，中华书局出版社2008年1月第1版。

《陈旧人物》（增订本），叶兆言著，上海书店出版社2010年1月第1版。

《琐记清宫》，魏建功等著，紫禁城出版社1990年9月北京第一版。

《负暄琐话》，张中行著，黑龙江人民出版社1986年9月第1版1994年2月第5次印刷。

《负暄续话》，张中行著，黑龙江人民出版社1990年1月第1版。

《负暄三话》，张中行著，黑龙江人民出版社1994年6月第1版。

《晦庵书话》，唐弢著，生活·读书·新知三联书店2007年7月1日第1版。

《姜德明书话》，姜德明著，北京图书馆出版社2004年10月第1版。

《浮生六记》，沈复著，俞平伯校点，人民文学出版社1980年7月出版。

《干校六记》，杨绛著，生活·读书·新知三联书店2010年7月1出版。

《周作人散文全集》，钟叔河编订，广西师范大学出版社2009年6月第1版。

《朱自清全集》，江苏教育出版社1996年8月出版。

《叶圣陶集》（1–26卷），江苏教育出版社2004年11月1日出版。

《暮年上娱》，叶至善、俞润民、陈煦编，花山文艺出版社2002年1月第一版。

后　记

终于把计划中的篇目完成后，我长长松了一口气。写这本书的初衷，完全是凭借对俞平伯及其作品的喜爱。但喜爱是一回事，写书又是另一回事。在写作过程中，我深知自己力量的欠缺，就好比一个举重选手，让他举起超出平时训练量很大的杠铃，对他来说是多么地残酷。从去年年底到今年五月，约半年时间里，我日思夜想的都是这件事，查资料，读作品，在北京东五环外一幢楼上，在连云港掬云居，在旅途宾馆中，我要么读俞平伯的著作，要么读俞平伯年谱或相关评传，仅笔记就抄了两大本。

重读一遍俞平伯，觉得他的人生漫长而短暂。漫长是因为活到九十岁算是高寿了，短暂是因为用来发挥其才华的时间太短了。我大致归纳了一下，他的人生可以分为这么几个阶段：从 1919 年底，19 岁大学毕业后，到 1925 年底从杭州回到北京，是一个阶段。这是他最精华的时段之一，写出了《红楼梦辨》，创作了《冬夜》《雪朝》《西还》《忆》《剑鞘》等重要著作，写出了《燕知草》《杂伴儿》里的主要篇章（当然还有其他创作）；结交了朱自清、叶圣陶、王伯祥、郑振铎等好友。第二阶段是 1925 年回到北京后，到 1937 年七七事变，这一阶段是他生活最美好的时段，工作稳定，家庭幸福，友朋亲善，生活悠闲，唱唱曲，谈谈天，写写字，填填词，教教书，做做学问，还有兴致极浓的旅行。第三阶段从 1937 年到 1946 年，和一家老小苦居北京，生活艰难，友朋星散，无心创作，拍曲的心境也不比从前，是他人生第一个低谷。第四个阶段从 1947 年到 1954 年。第五个阶段是从批判红楼梦研究的 1954 年到 1986 年，这二十多年，是他人生的第二个低谷，创作和研究几乎空白。当 1986 年有关单位对他不痛不痒地进行平反之后，离他走完人生之旅只有四年的时间了，给一个八十六七岁的老人平反，也只能在形式上走走过场，没有一个人对俞平伯所受的苦难和不公出来负责和谢罪。因此这个低谷在接下来的几年是延续的。不难看出，俞平伯生活的时代，对他这样的一代学人而言是何等地曲折而艰辛，也是何等地不公平。所以，我非常赞成张中行先生那句话：俞平伯有才，而一生未尽其才。

还要说明的是，1947 年以后的俞平伯，我在这本书里没有叙述，只在最后一章中略做概括。一是受这本书体量的约束，二是他人生的后半段，许多人都写过了，特别是王湜华先生所著《俞平伯的后半生》，描写得极为详细。三是每每想到俞平伯后半生遭受的磨难，心里就非常地不忍，常常忍不住泪盈眼眶，特别是读杨绛《干校六记》那一段："下放人员整队而出；红旗开处，俞平老和俞师母领队当先。年逾七旬的老人了，还像学龄儿童那样排着队伍，远赴干校上学，我看着心中不忍，抽身先退……"据王湜华书中记载，俞夫人本来是可以留守家中的，她怕俞平伯不能照顾好自己，便主动跟着去的。在《俞平伯的后半生》中，王先生共用三章的篇幅，来描述干校生活的艰辛和苦难。朱寨先生在《俞平伯的"书生气"》里描写得更为直白：他们把俞平伯"推拉到屋顶平台，按倒在地”，“经过反复踢打折磨—— 一直把他折磨得匍匐在地”。如果说这种肉体上的苦难和生活上的艰辛，还能忍受得了的话，那么心智上的摧残和影响，怕是无法容忍的，不写也罢。

在本书的写作过程中，我得到许多朋友的帮助，姜琍敏、周立民、陶文瑜、俞小红等都伸出援手，或在杂志、报纸上刊发其中的章节，或提出宝贵的意见，葛丽萍还用她娟秀的小楷书法抄写俞平伯的《尚湖泛舟》等诗词，诗句清雅，书法端润，为是书增色不少。赵鑫不嫌麻烦地为我采购不少参考书，肖云在照片的搜集上下了很多力气，李蒙也提供了录入等方便，在此一并感谢。

2013年5月22日上午全稿完成于北京像素